和谐校园文化建设读本

论美国教育

颜世军 宋颖军/编著

吉林教育出版社

图书在版编目(CIP)数据

论美国教育 / 颜世军,宋颖军编著. — 长春:吉林教育出版社,2012.6(2022.10重印)
(和谐校园文化建设读本)
ISBN 978 - 7 - 5383 - 8983 - 8

Ⅰ. ①论… Ⅱ. ①颜… ②宋… Ⅲ. ①教育事业-研究-美国 Ⅳ. ①G571.2

中国版本图书馆 CIP 数据核字(2012)第 116095 号

论美国教育
LUN MEIGUO JIAOYU

颜世军　宋颖军　编著

策划编辑　刘　军　　潘宏竹
责任编辑　张　瑜　　　　　　　　　　　装帧设计　王洪义
出版　吉林教育出版社(长春市同志街 1991 号　邮编 130021)
发行　吉林教育出版社
印刷　北京一鑫印务有限责任公司
开本　710 毫米×1000 毫米　1/16　印张 11.5　字数 146千字
版次　2012 年 6 月第 1 版　印次　2022 年 10 月第 3 次印刷
书号　ISBN 978 - 7 - 5383 - 8983 - 8
定价　39.80 元

编　委　会

主　　编：王世斌

执行主编：王保华

编委会成员：尹英俊　尹曾花　付晓霞

刘　军　刘桂琴　刘　静

张　瑜　庞　博　姜　磊

潘宏竹

（按姓氏笔画排序）

总　序

千秋基业，教育为本；源浚流畅，本固枝荣。

什么是校园文化？所谓"文化"是人类所创造的精神财富的总和，如文学、艺术、教育、科学等。而"校园文化"是人类所创造的一切精神财富在校园中的集中体现。"和谐校园文化建设"，贵在和谐，重在建设。

建设和谐的校园文化，就是要改变僵化死板的教学模式，要引导学生走出教室，走进自然，了解社会，感悟人生，逐步读懂人生、自然、社会这三本大书。

深化教育改革，加快教育发展，构建和谐校园文化，"路漫漫其修远兮"，奋斗正未有穷期。和谐校园文化建设的研究课题重大，意义重要，内涵丰富，是教育工作的一个永恒主题。和谐校园文化建设的实施方向正确，重点突出，是教育思想的根本转变和教育运行机制的全面更新。

我们出版的这套《和谐校园文化建设读本》，既有理论上的阐释，又有实践中的总结；既有学科领域的有益探索，又有教学管理方面的经验提炼；既有声情并茂的童年感悟；又有惟妙惟肖的机智幽默；既有古代哲人的至理名言，又有现代大师的谆谆教诲；既有自然科学各个领域的有趣知识；又有社会科学各个方面的启迪与感悟。笔触所及，涵盖了家庭教育、学校教育和社会教育的各个侧面以及教育教学工作的各个环节，全书立意深邃，观念新异，内容翔实，切合实际。

我们深信：广大中小学师生经过不平凡的奋斗历程，必将沐浴着时代的春风，吸吮着改革的甘露，认真地总结过去，正确地审视现在，科学地规划未来，以崭新的姿态向和谐校园文化建设的更高目标迈进。

让和谐校园文化之花灿然怒放！

本书编委会

目录

第一章　殖民地时期的教育

　　美国是个历史短暂的国家,1492年,意大利航海家哥伦布"发现新大陆"后,西班牙、荷兰、法国、英国等国开始向北美洲进行殖民侵略和移民。移民大都是为摆脱宗教压迫和贫困而从欧洲各国逃去的劳动者。许多贫苦移民成为殖民者的契约奴。此外还有从非洲被贩卖去的黑人奴隶。17至18世纪前半期,英国在北美洲大西洋沿岸建立了13个殖民地。宗主国——英国殖民主义者与殖民地人民的矛盾十分尖锐。1775年爆发了北美人民反英的独立战争。在此以前,即从1492年到1776年间,美国的教育基本上属于殖民地教育。

第一节　初等教育

　　殖民地时期的美国教育具有两个显著的特点:一是移植宗主国英国的教育,二是宗教色彩十分浓厚。由于美洲的移民中宗教派别复杂,各教派为宣传自己的教义,扩大教会的影响,都十分重视初等教育,但各地的教育略有不同。北部是清教徒的集居地,这里商业较为发达,教育也位于全美前列,政府最早提出了强迫教育法令,兴建了不少初等学校。中部教派众多,民族各异,教育掌握在教会和私人手中,政府没有统一要求。南部实行奴隶制,奴隶和穷人没有机会受教育,上层社会或请家庭教师或送子女到英国学习,因而教育事业比较落后。这一时期的美国初等教育主要是仿照或移植英国的妇女学校、慈善性的贫民初等学校。妇女学校是由一个稍能读写的家务妇女向家长收一点学费,聚集少数年幼的儿童在她的家里(通常在厨房)教学,故亦称"厨学"。教的是字母、计算、祈祷和教义问答,并选读《圣经》的一些句子。贫民初等学校以新英格兰最为普遍。它的课程是阅读、书写、宗教,广泛用作儿童读本的是

《新英格兰启蒙读本》。此外，还有私人建立的夜学校和补习学校，都是专为平民子弟和贫苦儿童设立的。初等教育一般条件差，教学质量不高，不受重视。

第二节　中等教育

殖民地时期的美国中等教育是为上层阶级服务的，主要是仿照英国所设立的拉丁文法学校，最早出现于 17 世纪 30 年代，以传授拉丁文为主，兼修其他古典学科，毕业生可升大学深造。各殖民地都建有这种中学。这一时期的美国中等教育主要是仿照英国的拉丁文法学校和文实学校。拉丁文法学校的课程是古典的，学生要掌握希腊文和拉丁文，学习宗教教义。由于拉丁文法学校培养的学生缺乏谋生的技能，不适应社会的需要。因此，本杰明·富兰克林于 1749 年提出了《有关宾夕法尼亚青年教育的建议》，倡议建立面向实际的新型中等学校，即文实中学。在富兰克林的努力下，1751 年费城开办了美国第一所文实学校，开设的课程主要有算术、会计、英文文法、簿记、公共演讲、书法、绘图、航海、科学、测量等。这类学校适应当时商业发展需要，很快就取代拉丁文法学校而成为美国主要的中等学校。但它基本上是私立收费的，因而入学人数有限。

第三节　高等教育

殖民地时期的高等教育同样沿袭了英国的做法。这一时期的美国高等教育是广泛建立宗教性的殖民地大学，仿照英国牛津大学、剑桥大学办学。1769 年，美国有这样的大学 9 所，是由教会举办的，其中最著名的有哈佛学院、耶鲁学院、富兰克林学院、皇家学院等。除富兰克林学院以外，其他几所大学的教育目的是培养具有高深学问的传教士、教育工作者和虔信宗教的政府官吏。

宗教不仅是殖民地时期建立学院的首要推动力,而且影响着殖民地学院生活的方方面面。17世纪哈佛学院的毕业生中有一半以上担任了牧师。牧师职业是当时学院毕业生的主要选择,仅有少数毕业生成为殖民地政府官员,而其他诸如律师和医生的职业是通过学徒从业的。因此,学院的课程主要是围绕培养教士而设置的,它们主要抄自欧洲的大学。例如哈佛学院就仿效剑桥大学的伊曼纽尔学院,第一学年开设拉丁文、希腊语、希伯来语、修辞和逻辑等核心课程,第二年开设拉丁文、希伯来语、逻辑和所谓"自然哲学",第三年开设形而上学和"道德哲学",第四年学生重修拉丁文、希腊语、逻辑、"自然哲学"和数学入门。

　　殖民地时期高等教育的规模很小,到1776年独立战争打响时只有9所学院。1770年所有在世的学院毕业生总数尚不足3 000人,17世纪规模最大的哈佛学院每年不过只向四五名毕业生颁发学位,第二建立的威廉—玛丽学院在建校十周年的时候仅有22名学生。这些学院虽然规模很小,影响力很有限,但毕竟迈出了美国高等教育的第一步,为美国高等教育的发展奠定了基础,并且开始形成美国高等教育的若干特点。

　　第一,各种宗教和教派的不断涌现是建立新学院的重要动力。每种宗教和每种教派都要培养自己的神职人员,都要使年轻人忠于本宗教或教派,并且尽力使信仰其他宗教和教派的人皈依本宗教和教派,所以建立了各类教会学院,可以说这是美国高等院校多样化的开端。

　　第二,由于殖民地时期移民来自不同的国家,各有不同的宗教信仰,形成不了占统治地位的宗教,也就是不可能有国教,因此人们对不同宗教或教派有着较宽容的态度,这就为日后美国高等教育的迅速世俗化打下了基础。实际上,在殖民地时期所建的九所学院中,就有两所是非教会办的,例如费城学院即为公款所设,当选校董的条件是拥有财富、社会声誉以及政治思想倾向性。即使是教会办的学院也较为宽容,如浸礼会办罗德岛学院在入学考试中不设教义测验,在教学中反对教派偏见,在董事会中亦有不同教派的代表参加。

　　第三,由于移民来自不同的国家或地区,他们在兴建学院时,自然而然地会照抄自己所来自国家或地区的经验,例如哈佛学院可以说是英格兰剑桥大学伊曼纽尔学院的翻版,威廉—玛丽学院的建立则是更多地受苏格兰的影响,女王学院是由荷兰改革教会所设,不能不打上荷兰学院的烙印。这就为日后美国广泛借鉴他国经验,发展自己具有特色的高教体制打下基础。

第四,由于北美殖民地广阔的空间,未开垦的生活环境,使得实用知识受到广泛重视。殖民地学院在建院不久,就不再拘泥于欧洲的古典传统,而开始引入一些实用知识。例如,1754年国王学院在广告中强调,其课程重视"一切有用的东西",其中包括土地测量、地理、航海、商业、矿物学、畜牧和政府。1756年费城学院开设了一个包括科学、数学和实用知识课程在内的专业计划。北美殖民地新的环境开始给源于欧洲的殖民地高等教育印上功利的烙印,美国式高等教育正孕在其中。(见下表)

殖民地时期的9所学院

原名	现名	建立 (日期:年)	所属教会 或教派
哈佛学院	哈佛大学	1636	公理会
威廉—玛丽学院	威廉—玛丽学院	1693	圣公会
耶鲁学院	耶鲁大学	1701	公理会
新泽西学院	普林斯顿大学	1746	长老会
国王学院	哥伦比亚大学	1754	非教会
费城学院	宾夕法尼亚大学	1755	非教会
罗德岛学院	布朗大学	1764	浸礼会
女王学院	罗格斯新泽西州立大学	1766	荷兰改革 教会
古特茅斯学院	达特茅斯学院	1769	公理会

第二章 美国教育制度的初创

第一节 美国新社会的诞生

1775年4月13日美国独立战争打响,次年7月4日著名的《独立宣言》发表,13个英属殖民地宣布独立,成为美利坚合众国最早的13个州。经过8年战争,1783年9月3日美英签订《巴黎和约》,英国被迫承认美国独立。1787年美国制定宪法,建立联邦政府。从此,一个新兴的资本主义国家出现在北美大陆上。到南北战争爆发前的1860年,美国的工业生产已跃居世界第四位。美国独立后至1861年南北战争爆发的这一时期,由于取得了政治上的独立,其资本主义经济得到了一定程度的发展,美国社会也开始形成其初步轮廓。

一、民族意识和民族文化

18世纪初,美国报纸常用"弗吉尼亚人""宾夕法尼亚人"或"英王陛下的臣民"等字样来称呼美国人民。进入18世纪中期以后,随着美国经济的崛起和北美人口的迅速增加,他们开始使用"美利坚人"这一名词自称。在中断了同英国的贸易后,各殖民地更加迫切地感到他们需要加强彼此之间的经济合作,统一处理外交和防务等工作。独立战争的爆发使美国人民意识到,他们必须摆脱各邦利益的局限,为了民族的生存和发展而共同奋斗。约翰·马歇尔曾这样表达其新兴的民族主义思想:"我坚决地把美利坚看作我的国家,把大陆会议看作我的政府。"独立战争期间,内森·黑尔临刑前的爱国主义名言"我遗憾我只能为我的祖国贡献一次生命"至今仍广为流传。

在教育上也同样洋溢着民族主义精神。1783年,即独立战争胜利的当年,诺厄·韦伯斯特出版了《拼字课本》,强调美国文字的独特拼法和用法。在该书的序言中,他热情地鼓励美国人尊重自己的语言文字。韦伯斯特明确指出,希望"破除由于微末的发音的不同和因此而引起的互相嘲讽,从而造成的地区偏见"。韦伯斯特充满激情地宣称:"美国的光荣开始了,它是在一个有利的时机和一个美好的环境中莅临了它的曙光时期。在我们面前展现着全世界人们所创造的经验;但是不加区别地接受这些欧洲政府采用的原则、做人的态度和文化的风趣,并且把它们当作我们建立美国体制的基础,不久一定使我们深信:一个牢固而庄严的大厦是永远不能以日趋腐朽的古董为柱石的。美国人民肩负的任务是选择一切国家的智慧,例如它们的宪法,是剔除它们的错误,以便防范外国的罪恶和纠正本国的缺失,以便增进人民的品德和爱国精神,以便促进科学的发展,以便保持语言的统一和纯洁,以便使这个年幼的国家和人类的天性都日益高尚起来。"①这本书在其后的半个世纪中发行了约 1 500 万册。不久,韦伯斯特又出版了《读本》,摘录了革命领袖的演说,以唤起人民的民族感情。1828 年,他编纂了《美国英语词典》,其中收入了源自印第安人和移民的土语及反映边疆生活的词汇。鉴于韦伯斯特在整理民族语言方面取得的成就,他被尊称为"美国词典学之父"。

二、思维方式

移民们在北美大陆的蛮荒之地开疆拓土,逐渐形成了自己独特的思维方式。对于漂洋过海从相对发达的欧洲大陆来到新大陆的移民来说,旧有的思想传统和价值观念必须在他们解决陌生的新环境中遇到的新问题时加以调整。经过海上航行到达美洲的幸存者面对的既是广袤富饶的土地,也是陌生的环境和艰辛的劳动,对他们来说,欧洲的经验已经无用,必须从头开始,从实际出发,所有的一切都有待发现和探索。美国作家斯坦贝克曾充满感情地说:"没有四个世纪的辛勤劳动,流血牺牲,孤寂荒凉和恐惧担忧,就没有美利坚的存在。我们创立了美利坚,而这

---

① 滕大春:《美国教育史》,人民教育出版社,1994 年版,第 163—164 页。

一过程同时也造就了我们美利坚的一代新人。"①

富兰克林在同一位英国记者谈话时也指出:"我认为,我们正走在不断进步的正确道路上,因为我们不断在进行实验。对一切看来是错误的东西,不必在口头上表示反对,因为,对于多数人来说,给他们讲道理,劝说他们免犯错误,还不如让他们通过实验来端正方向,这样会更为有效些。"②富兰克林的这段话明确地表达了美国民族思维方式中的实用主义色彩,即热心于实际行动而不坐而论道,关心实用价值而不崇尚高谈阔论。这可以从建国初美国人对待其土地的态度中反映出来:建国后相当长一段时期,由于百废待兴,加之人力、物力不足,对辽阔领土的勘测一直无法进行。尽管对边界认识不清,然而,美国国会却早已就土地政策进行辩论,并且规定出售的模式了。这一政策后来被证明是非常必要的,极大地推动了向西部的扩张。直到1837年7月5日,美国国会才通过法律,建立地形勘测队,用以测量其广袤领土,严格意义上的大面积系统而广泛的勘测直到南北战争结束后才开始。

实用主义的思维方式反映了美国人民对效率和利益的追求,它把一切实际的效用作为真理,以具体的行动作为主要手段,把获得的实际效果作为追求的最高目的。经过数千海里航行抵达美洲大陆的移民们大多数是旧世界的被压迫者,在开辟新家园的过程中,严峻的环境将他们锻造成自力更生、独立思考的公民。他们既不崇拜权威,也不排斥异端;既不屈服于传统观念,也不拒绝外来文化。他们秉有强烈的现实主义精神,相信自我奋斗,敢于开拓进取,注重实效。这些思想充分地反映在美国早期学者的经典著作中,如爱默生在其论文里明确宣扬的"工作就是胜利。无论何时,做了工作就会获得成功""所谓好的就是有效的"等等。

---

① 斯坦贝克:《美国和美国人》,花城出版社,1989年版。
② 布尔斯廷:《美国人:开拓历程》,生活·读书·新知三联书店,1993年版。

三、新教伦理和清教精神

早在 19 世纪 30 年代,法国思想家托克维尔就说过:"全世界还没有一个国家像美国一样,基督教对其国民的灵魂产生如此重大的影响。在美国,宗教对法律和社会舆论都产生不了多大影响,但是宗教支配社会风貌,并且通过控制家庭生活进而控制国家。"①美国新社会的诞生是与新教伦理的传播相伴生的。在整个殖民地时期,新教各教派是北美的主要宗教势力,如路德教派和加尔文教派等。当时,移民中的天主教徒很少,主要是信奉加尔文教派的新教徒,1775 年,"10 个人中 9 个至少是名义上的新教徒"②。加尔文教派在英格兰的信奉者称为清教徒,后为躲避天主教的迫害大批出走到新大陆,仅在 1628—1640 年就有 2 万清教徒移民到美国。清教徒在美国主要聚居在新英格兰,他们视自己为上帝的选民,决心在马萨诸塞海湾殖民地建立一座"山巅之城",永沐上帝的光辉。清教徒把这种理想与开拓北美荒野的实践结合起来,形成了作为美国文化基础之一的新教伦理和清教精神。美国文化史学家范·布鲁克斯认为,美国文化的原则就是新教伦理和清教精神。正如托克维尔指出的那样:"当第一个清教徒踏上美国的土地时,我就可以看到整个美国的命运就已经包涵于其间了。"

1.新教伦理具有务实精神。清教徒在改造自然的过程中认识到,他们必须通过自己的努力来实现上帝的意志。清教徒不讲究形式,不注重繁文缛节,他们更关心的是如何将神学原则运用到创造新社会的实践中去。与宗教教义相比,清教徒更热衷于使宗教信仰与实际生活结合起来。当时,新英格兰的牧师布道并不注重阐述神学理论,而是将教义作为对人们生活的引导。这使得清教主义成为一种求实、进取的生活态度

---

① 康马杰著,杨静予等译:《美国精神》,光明日报出版社,1988 年版。
② 卡罗尔·卡尔金斯:《美国社会史话》,人民出版社,1984 年版。

和生活方式，从而深刻地影响了美国的思想和文化。诚如丹尼尔·布尔斯廷所说："假如他们（清教徒）同当时的英国人一样花费大量精力进行辩论，那么他们就不可能一心一意地战胜荒野中隐藏着的不可预测的危险。要是这样，他们就有可能被誉为现代自由主义的先驱，但却永不可能对美利坚合众国的创建作出贡献。"①

2.新教伦理具有自律精神。新教的教义强调人类本性中的原罪，要求每个人面对上帝来完善自我，继而又将其与创业实践结合起来。新教牧师威廉斯·劳伦斯就曾断言："神圣和财富不可分割，因为物质财富会有助于造就快乐、慷慨和具有基督精神的民族性格。"同时，新教伦理也要求通过辛勤劳动的正当手段来获取财富。这样，新教伦理就与资本主义精神紧密地结合在一起。追求财富的物质冲动使得他们大无畏地开发边疆，征服大自然，而自我完善的内在追求又造就了资产阶级兢兢业业的工作作风。显而易见，新教成了资本主义发展的动力而非阻力，使得富兰克林式的资本主义精神得以合法化。

3.新教伦理具有自由精神。法国思想家托克维尔指出，"在法国我看到宗教精神与自由精神是背道而驰的，而在美国我却发现两者是紧密配合，共同统治着同一国家的""在美国，启发民智的正是宗教，而将人导向自由的则是遵守神的戒命"。② 正因为如此，1776 年 7 月 4 日第二次大陆会议通过的《独立宣言》依靠宗教教义论证了其政府权力和反英斗争的合法性："人人生而平等，造物主赋予他们若干不可剥夺的权利，其中包括生命权、自由权和追求幸福的权利，为了保障这些权利，人类才在他们之间建立政府，而政府之正当权力，是经被治理者的同意而产生的。"③由此可见，包括新教各教派在内的宗教经过重新解释，为新兴的美国资产阶级争取独立自由的斗争作了思想和舆论准备。

---

① 布尔斯廷：《美国人：开拓历程》，生活·读书·新知三联书店，1993 年版。
② 托克维尔：《论美国的民主》，商务印书馆，：1988 年版。
③ 赵一凡：《美国的历史文献》，生活·读书·新知三联书店，1989 年版。

四、个人主义

众所周知,远涉重洋来到北美大陆的最初移民大多是反抗英国国教迫害的新教徒和饱受封建压迫之苦的农民及手工业者,他们怀抱着实现自由、平等的理想,希望建立一个没有欧洲社会种种压迫的殖民地,以改变自己的命运,过上美好生活。因此,他们有着强烈的自由平等气质和决绝的反抗精神。独立战争的爆发激发了美国人民为实现和维护个人自由与平等而奋斗的革命热情,实现个人自由,尊重个人作用,追求个人幸福成为这一时期响亮的口号。其后,在开拓西部的过程中,这一思想意识逐渐发展成为自立、自强、自信的人生哲学。在西进运动中,美国人民通过与天奋斗、与地奋斗看到了个人的力量,个人的作用,个人的价值。西部的辽阔富饶和巨大的成功机会使他们对前途充满了信心,在他们的双手之下,铁路不断向西延伸,工业城市拔地而起,这一切无不强化了美国人民自我奋斗的信念,正如美国历史学家康马杰所说的"由于地理条件优越,历史的培育和哲学论证,他们把依靠自己提高为哲学信条,而个人主义最终变成美国主义的同义词"[①]。同时,西进运动也给个人主义赋予了无政府主义色彩。尽管西进运动开发了边疆土地,建设了铁路和工业,促进了城市的发展,但也难免泥沙俱下,康马杰指出:"既然精明的投机活动已经成为一种公共服务行业,他们对于取得成功所采取的手段也不过分苛求。强占公地,偷税漏税,贪赃枉法等事情,只要能赚大钱,他们也持宽容态度,往往只是表面上反对,走走过场而已。他们对于政府干涉私人企业十分气愤。反之,对私人干涉政府企业就不那么气愤了。"[②]美国历史学家特纳也一针见血地指出:"边疆是产生个人主义的场

---

① 康马杰著,杨静予等译:《美国精神》,光明日报出版社,1988 年版。
② 同上。

010 Lun Meiguo Jiaoyu

所……其趋势是反社会的,它对控制,特别是对任何直接的控制有反感。所以征税者被看做是压迫的代表"。[①]

伴随着美国新社会一起成长的个人主义可以归纳如下:个人主义将个人利益放在至高无上的地位,重视个人价值,强调人的能动性、独立性、责任心和自尊心,认为一切价值、权利和义务都来源于个人。具体而言,它包括自我设计、自我奋斗、尊重他人、个性自由、尊重隐私等。"自由、平等"的口号曾是鼓舞美国人民争取独立推翻殖民压迫的精神力量,个人主义对个体独立性和创造性的强调对美国新社会的诞生产生了重要的推动作用,使美国社会迥然不同于其他社会。

五、多元文化

美国基本上是一个移民国家。17 世纪,为了逃避查理一世的迫害,英国的清教徒大批移民到美洲,1630 年他们建立了马萨诸塞海湾殖民地,1628 年到 1640 年,有两万名左右的清教徒踏上了北美的土地。17 世纪来北美的移民,绝大多数是英格兰人,但中部地区也有荷兰人、瑞典人和德国人,南卡罗来纳和其他地方有一些法国胡格诺教徒,还有一些零星的西班牙人、意大利人和葡萄牙人,不过,这些非英格兰移民总共不到人口总数的 1/10。1680 年后,大批移民来自德国、爱尔兰、苏格兰、瑞士和法国,英格兰不再是移民的主要来源了。1690 年时,殖民地人口已达 25 万,以后每隔 25 年增加一倍,至 1775 年时,殖民地人口总数超过了 250 万。美国作家赫尔曼·梅尔维尔感叹道:"美国人血管里的每一滴血,都混合着全世界各民族的血液!"

不同语言、不同信仰、不同风俗习惯的移民进入美国这一文化大熔炉后,不但创造出一种新的文化,而且他们还保持了各种文化的特色。贺拉斯·卡伦认为,移民可以或多或少地变换他们的服装,变换他们的政治见解、宗教信仰和哲学观点,但他们无法改变其来自异乡的祖先,因此文化的多元性将依然存在。美国本来就没有所谓传统文化,正是由于

---

① 杨生茂编:《美国历史学家特纳及其学派》,商务印书馆,1984 年版。

各国移民带来的不同文化相互融合,从而才形成了统一的美国文化精神,同时也较好地保留了各民族特有的文化传统。美国诗人惠特曼曾用诗句表明,美利坚"将不是一个民族,而是一个兴旺的多民族的民族"。对于这种多元文化的特点,迈克尔·诺瓦克曾经总结道:"我们社会里的成员,往往形成一种文化根源上的多元性……从犹太传统中我们可以学到在心理上和社会问题上的世故老练,即学到透过事物的表面和社会的表面看问题以及犹太人对西方历史长久以来的实际情况的切身感受;从黑人文化、从印第安人文化,从多种天主教文化,从亚洲和拉丁美洲文化,我们可以吸取到其他可贵的价值观念。"[①]

以上我们从民族意识和民族文化、思维方式、新教伦理和清教秉性、个人主义以及多元文化等六个方面探讨了美国新社会所具有的一些特点。显而易见,这些崭新的特点在美国社会的发展中对美国的教育事业产生了巨大的影响。例如,实用主义对效率和利益的追求使得传统西方大学教育的"批判、思辨"功能逐渐退隐,"培养、训练人才"的功能得到强调,而培养的人才已不再是社会精英,而是完成社会各种具体职能的工作者,大学被纳入一条与现代技术和工艺流程接轨的道路之上。同时,实用主义又使得美国的大学能够以一种较为现实的态度通过培养人才参与国际经济和科技的竞争并取得了举世瞩目的成就。可以说,是美国社会独特的实用主义土壤起了关键的作用。再如共和政体,正是出于维护共和政体的需要,美国的开国者才极力倡导发展普及教育,因为他们相信,学校是维持美国社会平稳运转的一种机构,能通过教育使学生在意识形态的冲突中维护共和信仰。正因为如此,美国的公立教育运动才能在开国不久即提上议事日程,并迅速得以普及。又如个人主义,在客观上对美国物质财富的增长和科学技术的发展曾起过重要作用,但是,伴随着美国从自由资本主义进入到垄断资本主义阶段,一度作为进步思想观念出现的以促进人的思想解放和文化繁荣为己任的早期个人主义逐渐被一味谋求个人利益的个人主义所取代,并进而成为美国社会的"癌症"。美国社会学家丹尼尔·贝尔指出:"这种在美国十分猖獗的个

---

① [美]《交流》,1982年第3期,第25页。

人主义,它同样造成对环境的掠夺,它是人们忽视社会公共事业、忽视其他集体需要的根源。"①当前美国青年中道德滑坡、精神颓废的现状与个人主义的泛滥实在不无关系。再拿多元文化来说,美国政府在考虑民族问题时,一度将旨在使移民同化到美国主流社会的文化同化主义作为指导思想,但 1943 年底特律的骚乱使他们开始重新思考多元文化教育问题,各个学校都十分重视加强各民族间的相互了解,开设有关民族文化、历史、艺术方面的课程。如今,在美国的课堂上,重视反映美国社会的普遍文化和亚文化,培养学生的跨文化适应能力已经成为主流。由以上分析可见,美国社会独特的价值观念和文化传统对美国教育产生了持久而又深远的影响。

第二节　公立学校的初创和发展

一、公立学校系统的建立

1.公立学校运动的主要历史人物

（1）贺拉斯·曼

贺拉斯·曼(1796—1859)是 19 世纪初期美国最著名的教育改革家。作为美国公立学校系统的著名领导人,他被美国人民尊称为"公立教育之父"。

贺拉斯·曼于 1796 年 5 月 4 日出生于马萨诸塞州富兰克林镇。尽管当地学区每年上课时间不足 10 个星期,但他以惊人的毅力于 15 岁时读完了富兰克林图书馆的全部藏书。1816 年,20 岁的贺拉斯·曼直接进入布朗大学二年级学习,1819 年以毕业考试第一名的优异成绩完成学业,并代表毕业生做了题为《人类的尊严和幸福正在逐渐发展》的告别演说。他认为马萨诸塞州的丰富资源不在于其矿藏,而在于人们的天赋才

---

① 丹尼尔·贝尔,严蓓雯译:《资本主义文化矛盾》,生活·读书·新知三联书店,1989 年版。

能和理性。大学毕业后,贺拉斯·曼留校任拉丁文和希腊文教师两年,随后改攻读法学,1823年贺拉斯·曼毕业后取得律师资格,开始按照自己的意愿直接为民众服务。1827年贺拉斯·曼当选为马萨诸塞州众议员,1833年当选为该州参议员,在任参议员的最后两年他又当选为议长。在州议会工作期间,他致力于社会福利和慈善事业,因其对改革社会的关注使他在吁请颁布限制酒精和彩票销售、建立精神病医院、建立马萨诸塞州教育委员会的法令方面成为主要人物。由于受到在州议会工作时所遇到的社会和政治事件的影响,贺拉斯·曼开始形成了将公立学校运动作为解决社会问题关键的信念。他认为:"教育的传播,通过扩大有教养的社会阶级将开辟更加广阔的领域,基于此,社会意识也将扩展;如果这样的教育是普遍而完美的,它就会比其他任何事情更能够消除人为的社会差别。"

1837年5月,在工业家埃德蒙·德怀特等人的极力推荐下,贺拉斯·曼接受了由他担任州教育委员会常务秘书的建议,积极投身到推进和改善全州公共教育体制的活动中去。尽管该委员会仅有调查和报告各种教育情况以及向议会提出建议的任务,没有直接兴办和管理学校的权力,但贺拉斯·曼仍抱有强烈的期望,他在接到任命当天的日记中写道:一个人可以在这个职位上取得成功,"他将广泛传播知识,产生巨大的影响,带来永久的幸福! 他将对人类产生前所未有的广泛而深刻的影响!"从此,贺拉斯·曼一直恪守自己的诺言,献身于公共教育事业。1837年7月2日,他在写给朋友的信中说:"我抛弃了法学,但却走向更大范围的思想和道德的领域中去了。"①除了在全州各地宣传演讲、组织讨论会以外,贺拉斯·曼还从1838年起编印《马萨诸塞州公立学校杂志》,共发行了10年。在任12年(1837—1848)间,贺拉斯·曼向州政府递交了12份年度报告,介绍每年公共教育的进展情况,推广新的教育思想和方法,并就公共教

---

① 佛罗斯特:《西方教育的历史和哲学基础》,华夏出版社,1987年版,第467页。

育各方面的问题进行了论述。正是由于贺拉斯·曼的工作,马萨诸塞州在普及初等教育方面走在了美国各州的前列。在这 12 年间,马萨诸塞州公立教育拨款增加了一倍多,新开办了 50 所中学,学生人数在相对数量和绝对数量两方面都得到增长,学年平均延长了 1 个月,公立学校男教师薪金提高了 62%,女教师提高了 51%,她们的人数也增长了 54%。1843 年 5 月,贺拉斯·曼自费赴欧考察了英国、比利时、荷兰、法国、德国、瑞士等国的学校教育,并于这年年底将考察心得写进当年的"第七年报",着重介绍了裴斯泰洛齐的教学法和普鲁士的学校管理。

1848 年,贺拉斯·曼辞去州教育委员会秘书的职务,重新回到政界,当选为美国国会议员,1853 年受聘赴俄亥俄州任安蒂奥克学院院长。1859 年,贺拉斯·曼长眠于他热爱的教育岗位上。1900 年,他成为被选定列入纽约大学美国伟人纪念堂的第一位教育家。

贺拉斯·曼从社会改良的角度出发,把教育视为"社会机器的平衡轮",因此建立公立的、非宗派的、以税收支持的全面学校系统,成为他毕生追求的理想。在民主政治方面,贺拉斯·曼将普及教育视为民主政治的前提条件,希望通过普及教育缓和阶级矛盾,消除社会不平等现象,保证民主政治的顺利发展。在社会经济方面,他极力证明普及教育能促进经济繁荣。他曾收集大量统计资料向工业界表明,受过教育的工人比愚昧无知的工人更有生产效率。

贺拉斯·曼所说的这种"普通学校"是指任何教派和任何阶级的儿童普遍进入的"学校",而不是欧洲那种面对平民开设、贵族不屑进入的学校。这种公立学校具有以下几个特点:

①公立学校是面对所有儿童的。贺拉斯·曼要求将全州 4 至 16 岁的儿童都作为公立学校的招收对象,而不论其家庭收入、宗教信仰、阶级以及性别如何。贺拉斯·曼建议,如果儿童到了入学年龄而没有入学,或者入学后又辍学,应该依法追究其父母的责任。可以说,所有儿童接受同样的教育是公立免费学校最突出的特点。

②公立学校是以公共教育税收为主要财政支持的学校。马萨诸塞州教育委员会创立以后,由于征收教育税而使教育经费获得了充实的来源。在贺拉斯·曼担任秘书的 12 年中,教育经费增加了一倍以上。贺拉

斯·曼认为,政府按照社会制度的性质和社会福利的要求向每个公民征收应征的教育税款用于公立学校,这是合乎情理和法律的。

③公立学校是非宗派的。贺拉斯·曼认为,既然公立学校是造就共和国公民的机构,那么它就不能沦为宗教教派或者政治派别的工具。针对当时宗教教派在公立学校问题上的斗争,贺拉斯·曼坚持公立学校中只能开设所有儿童共同需要的课程,宗教教学只能以没有教派注释的《圣经》作为教材。在这个问题上,贺拉斯·曼是从国家公共利益的角度要求在公立学校中实行宗教信仰自由的。

④公立学校是由政府统一进行管理的。贺拉斯·曼认为马萨诸塞州只有将公立学校形成体系,统一领导,才能取得显著的效果。在任马萨诸塞州议员的时候,贺拉斯·曼就力促建立州教育委员会作为全州公立学校的最高领导机关,在各个市镇也建立相应的教育委员会,以指导公立学校的工作,更好地推广教育改革的实验。经过贺拉斯·曼的调整和努力,马萨诸塞州一些目标和方法各异的学校形成实现普及教育理想的公立学校体系,学校的组织和发展富有效率和生气。

(2)亨利·巴纳德

亨利·巴纳德(1811—1900)于 1811 年 1 月 24 日出生于康涅狄格州的哈特福德。19 岁他从大学毕业后,曾在纽约州首席检察官霍尔开办的法律学校学习。1835 年,他在康涅狄格州取得律师资格,进入法院工作,并于同年出访欧洲各国考察教育制度和社会情况,著成《感化教育》一书。1837 年巴纳德回国,被选任为康涅狄格州众议院议员,并致力于公共福利事业。次年,康涅狄格州教育委员会成立,巴纳德任教育督察长。此后,他与贺拉斯·曼互相呼应,在各自的岗位上极力普及义务教育。上任之初,巴纳德即创办了《康涅狄格州公立学校杂志》,宣传有关普及教育的思想和改善公立学校的计划。由于康涅狄格州内的保守势力反对,巴纳德离职后于 1845 年赴罗德岛州任该州公立学校委员会第一任秘书并创办《罗德岛州学校杂志》。1851 年,巴纳德再次回到康涅狄格州担任教育领导职务,曾于 1854 年代表美国出席了在伦敦举行的国际教育代表大会。1855 年因病离职,同年担任美国教育促进协会主席,开始编辑《美国教育杂志》,这是美国最早的全国性教育专业期刊。1858 年起他先后担任了威斯康辛大学校长和圣路易学院院长。南北战争后,他于 1868 年至 1870 年担任联邦教育署首任署长。在将所有个人财产捐献于教育事业后,他于 1900 年 7 月 5 日逝世。

和贺拉斯·曼一样,巴纳德认为建立公立学校有利于维护社会稳定,缓和阶级矛盾。和贺拉斯·曼不一样的是,贺拉斯·曼是从劳动人民的角度来考虑问题的,强调公立学校促进社会生产、消除贫困的一面,而巴纳德是从有产者的角度来看待公立学校的,强调其维系社会秩序、保护既得利益的一面。因此,美国教育史学家利帕曾指出:"在教育观点上巴纳德与曼相比而言要显得更保守一些。"然而瑕不掩瑜,这并不妨碍巴纳德成为公立教育运动中的伟大人物。

巴纳德从欧洲国家的经验中得出结论:普及教育是一个国家走向繁荣富强之路的重要基础,而兴建公立免费学校是普及教育最行之有效的途径。同贺拉斯·曼一样,他认为公立学校应该是对所有儿童开放的学校,并由公共税收加以支持,由公众参与管理。巴纳德建议,每个学区至少应该建立一所公立免费学校,让三岁以上儿童都能够入学接受教育。

巴纳德针对康涅狄格州和罗德岛州公立学校中存在的一些问题,对公立学校的发展提出了自己的主张:

①加强对公立学校的管理。通过巴纳德的努力,康涅狄格州议会通过了包括"联合学校法"在内的几个改革议案,修订了过去的一些法令,奠定了该州教育组织的基础。巴纳德主张学区的学校委员会成员应经常访问学校检查工作,与家长晤谈,合理分配教育资金,向公立学校提出改进学校工作的建议,介绍新的教育思想和教育方法,帮助其提高教学和管理水平。

②改善公立学校的物质条件。巴纳德认为应改善公立学校的教学建筑和设备,为更多的儿童入校学习提供便利。他主张广建图书馆,丰富教师和学生的知识,以促进课堂教学。在巴纳德的努力下,罗得岛州公立学校建筑破旧、教室通风不良的状况得以改善,公立学校的威望在民众心目中也直线上升。

③加强教师培训。在这个问题上,巴纳德主张,一方面应该聘用合格教师任教,不断提高在职教师的质量,如组织教师讲习会、建立模范学

校到全州各地巡回表演教学等;另一方面,应提高师范学校的教育质量,巴纳德要求将师范学校列为州公共教育系统的重要组成部分,向未来的教师提供高质量的教育和教学训练。巴纳德建议在师范学校附设模范学校,向所有公立学校的教师作出教学示范。

亨利·巴纳德和贺拉斯·曼都是美国公立学校运动中的开风气之先者,在19世纪中叶的美国教育史上,加利福尼亚州的约翰·斯威特、北卡罗来纳州的加尔文·威利、密执安州的约翰·皮尔斯等人都为州教育领导体制的建立和公立学校的发展作出过贡献。以曼和巴纳德为代表的公立学校运动的倡导者,继承了美国开国时期一批政治家和思想家的公共教育观,顺应美国工业革命的需要,着眼于美国社会发展的实际需要,反映了美国新兴资产阶级的教育要求,为具有美国特色的教育制度的建立奠定了基础。

2.公立学校的建立与发展

美国公立学校运动萌芽于18世纪末,在19世纪30年代前后开始迅速发展,最终成为了美国的国民教育普及运动。建国初期,美国的有识之士就反对仿效具有鲜明等级特性的欧洲学校。19世纪初,美国处于工业化的初级阶段,为了使工厂的童工受到一些基本教育,美国的纽约和费城等地开办了星期日学校,儿童在这里学习书写、阅读、算术和宗教知识。马萨诸塞州早就在法律上提出教育上的规定,并于18世纪90年代在波士顿建立了第一个城市教育系统。联邦政府在1785年以及1787年处理俄亥俄河以北阿勒格尼山脉和密西西比河之间的公共土地的西北土地法令中就曾规定,每个乡的第16块1平方英里的土地留作"办本乡公立学校"之用。1800年以前,有7个州的宪法规定对教育事业给予支持和鼓励。1805年,纽约市成立免费学校协会,后改称公立学校协会,积极筹集资金开设学校,免费招收儿童入学。到18世纪末,北部各州都有了类似的法律。南部各州也于19世纪初制定了相关的法律文件。此外,纽约和宾夕法尼亚等州还对慈善学校给予支持。

然而,这一时期的教育状况依然不能令人满意。1830年以前的美国小学多是私立学校。无论是公立还是私立学校,基本上没有进行分级教学,学期往往只有三个多月。校舍破旧不堪,教师收入不如农民,且女教师工资往往仅有男教师的三分之二甚至一半。教学内容陈旧,不仅社会需要的实用技能未加传授,即使是必要的公民教育也遭到忽视。据统计,1837年,在学区开设的学校,一个儿童的年均费用是3.35美元,而私立学校则是12美元,后者是前者的三倍多,无怪乎马萨诸塞州议员戈登·卡特尔批评道:"我们越来越游离于祖先们建立免费学校时憧憬的原则,也即是为最为贫困的儿童提供良好的初等或普通教育,其良好的程度正和富豪之家倾其所有为其子弟提供的良好教育一样。"

在这种情况下,经由贺拉斯·曼、亨利·巴纳德等教育改革家的努力,伴随着城市的发展、工商业的发达、进步势力的成长以及选举权的扩大,普及教育的思想开始植根于越来越多的美国人思想之中。虽然各个州建立公共学校的历程不尽相同,但基本上都经过了三个阶段,也即允许、鼓励和强迫。在允许阶段,州的立法规定,在某个学区,只要大多数选民同意,就可以组织建立地方学区;在鼓励阶段,州立法机关有意识地鼓励建立学区,选举学校委员会,提高税收用以资助学校,但政府并不强迫要求建立公立学校,而是通过资助达到目的;在强迫阶段,州政府强制建立学区,选举学校委员会,以税收资助学校,并在公立学校章程中详细规定学校至少应开设哪些课程,说明学校的建筑面积、照明设备和维修的要求。

公立学校在其发展过程中也可谓一波三折。首先遇到的困难是经费的问题。19世纪30年代以前,美国大多数州没有征收办学税,仅靠捐款、学费及学校土地收入维持公立学校的运营。在纽约市,各公立学校按照学生上课天数向家长摊派学费,到1826年,除了学费以外,每季度还按照学习科目加收学费,致使纽约市公立学校协会所办学校学生数从原来的3 457名降至2 999名。1832年,纽约市开始实行免费制度。1850年以前,马萨诸塞、宾夕法尼亚等州相继实行了免费教育。此后各州陆续效仿,但直到19世纪60年代,加利福尼亚、印第安纳、密执安、康涅狄格、罗德岛等州还未实行免费教育,可见实行免费教育的困难程度。即使解决了经费的问题,实行强迫入学也并非一帆风顺。许多贫困家庭的子女常常很早即成为工厂车间的劳动力,学校的教学内容也与社会实际相脱离,因此,人们并没有感到子女入学的必要。1848年,马萨诸塞州在部分地区开始实行强迫入学制度,1851 年,又在全州范围内实行强迫入学制度。具体规定是,八至十二岁为强迫入学年龄,适龄儿童每年须入学十二周,其中六周必须连续出席,余下六周可于一周到校一日,下一周到校三日,轮流出席。除了通过其他途径受教育的贫困家庭儿童以及身患疾病者以外,一般不入学的儿童,其家长应交纳罚金。南北战争以后,其他州也开始实行强迫入学制度,但强迫入学制度真正得到普及还是在第一次世界大战以后。

3.公立学校的特点

到 1865 年,美国大多数州建立了公立学校制度,大量的儿童获得了初等教育,此外,马萨诸塞、纽约、宾夕法尼亚以及其他一些州的青年还接受了免费的中等教育。新的公立中学作为公立教育完整体系的组成部分也建立起来了。新的公立学校与以前的学校相比,具有以下几个特点:

(1)在学生来源上,强调在公立学校中教育所有的儿童。教育改革家认为,如果来自不同的宗教、阶级和种族的儿童接受共同教育,那么社会团体之间的敌意和摩擦就会减少;如果对接受共同教育的儿童传授共同的社会和政治意识形态,那么政治矛盾和社会问题就会减少。显然,公立学校运动的这种特征可以追溯到 18 世纪晚期和 19 世纪早期的教育思想家,他们希望将民族主义作为促进国家统一的手段加以传授,也可以追溯到慈善学校的支持者,他们希望将教育作为消除贫穷和犯罪的途径。通过教育解决社会问题和建立政治共同体,这是公立学校运动的一个基本观念。因此,公立学校这个术语逐渐具有特定的意义:学校对所有儿童开放,教授共同的政治和社会意识形态。

(2)在课程设置和教材选用上,增加了各种新兴的科学文化知识。最初,各州对学校教授的课程并未作出规定,大多传授读、写、算等浅易的知识和技能。随着科学技术的发展和教育的逐渐普及,各种科学文化知识开始进入教学内容,各州议会也以立法方式规定学校的课程设置。在公立学校中,除了读、写、算外,英语、地理、历史、音乐、美术等学科开始出现了,莎士比亚、弥尔顿、狄更斯以及美国作家的作品也出现在学生教材中。例如,俄亥俄州于 1825 年规定所有学校必须传授阅读、书写和算术,1831 年允许城市学校增加其他学科,1848 年下令学校增设地理和语法;马萨诸塞州于 1826 年要求增加地理课,1857 年又增加了历史课。波士顿的美国第一所公立中学在建立时的课程设置中只开设了实际应用的和一些自然科学的课程,直到后来由于家长的要求,为了照顾学生的升学,于是给古典课程的设置留下了余地。

(3)在教育与宗教的关系上,1791 年的联邦宪法中就规定人民享有宗教信仰的自由权,却没有设置国教,这是与一些欧洲国家明显区别的。在公立学校建立以前,各市镇和社区的教育经费基本上由教会学校或私立学校所支配。纽约曾于 1805 年成立公立学校联合会,掌管州政府划拨的教育经费,逐渐成为该州强有力的教育组织。经过与教派学校长时期的斗争,1842 年纽约州立法机关制定了一项法律,规定:"任何学校……都不得教授、灌输或实践宗教教派的教义或教务,违背者不能接受分配给学校的任何资金。"这一法律后来被推广到各州,以法律的形式确立了教育与宗教分离的原则。

(4)在教学上,班级授课制出现了。传统的美国小学不分班级,当时许多农村小学大都仅有一间教室和一个教师,城市学校的校舍和教师也相当少。教育发达的波士顿地区的学校通常也只有两个教室,每个教室容纳一两百个学生座位。直到 1843 年,纽约市的教室通常都要容纳 252 个座位,另配三小间背诵室。在这种情况下,教学质量低下也就不足为奇了。随着公立学校的增多,教室的容量开始减小,如波士顿市在 1823 年规定每间教室容纳学生约 300 名,到 1848 年则减为 180 名。于是,将不同年龄和不同学历的学生编入不同的班级,由不同的教师教授不同的学科便提上了议事日程。到 1860 年,班级授课制在大城市已经基本普及了。此后,新英格兰各州规定小学修业一般为九年,南方各州为七年,其他各州则介于两者之间,即八年。

(5)在管理上,创建了控制地方学校的州政府机构。在 1812 年,纽约州在全国第一个建立州学校督学职位。在 19 世纪 20 年代,其他一些州仿效纽约建立了州督学办公室,19 世纪 30 年代,州政府对公立学校的监督和组织成为公立学校运动的一个主要组成部分。州政府不仅决定学校的设立与否,而且对学校的规模、招生的对象、课程设置以及教师聘任等具体问题也作出相应规定。例如,加利福尼亚州的一些学校是由地方学区和州政府共同出资建立的,因此它们必须接受州教育机关的有关要求,达到一定的标准。大部分公立学校由学区内的居民共同出资开办,学校的管理者由选举或立法产生,学校工作必须接受公众的监督。

二、结语

由贺拉斯·曼、亨利·巴纳德等一批教育改革家推动的美国公立学校运动为美国现代学校系统的建设打下了基础,作为新的生产关系的产物,它标志着美国资产阶级开始掌握教育的控制权,美国教育进入了新的发展阶段。正如波兰学者德古鲁斯基在其著作中指出的:"美国的未来和美国社会的富有都以公立学校为基础,这种基础是比其他任何基础更有力量的。这种学校乃是天才的美国社会和人民的精神、意志和性格的表现。……因而只有美国人拥有理智的和受过良好教育的广大群众"。[①]

第一,在政治上,公立学校运动加强了美国资产阶级世俗政权对教育的控制能力,加速了美国教育公共化、世俗化和普及教育的进程。各州教育委员会的建立克服了教育分散自治的传统观念,反对教会学校与公立学校一样分享公共基金及税收,推动了美国教育世俗化的进程。公立学校作为公共的免费学校,由行政当局拨款或由学区内的居民纳税开办,学区管理者都由选举或立法产生,执行州教育机关的有关法令,接受公众的监督。美国基础教育的控制权开始由私人和教会之手转移到地方或州的行政当局手中。在课程设置上,通过立法确立了教育与宗教分离的原则,使美国基础教育在教学内容上逐渐脱离教会控制,进一步走向世俗化。

第二,在经济上,从国际的角度来看,公立学校运动加快了普及教育的进程,提高了美国劳动力的文化水平,为美国跻身于资本主义强国之林,在各殖民国家争夺殖民地和商品销售市场的斗争中占尽先机,尽快

---

① 滕大春:《美国教育史》,人民教育出版社,1994年版,第201—202页。

发展生产,提高商品的竞争能力打下了坚实的基础。从国内的角度来看,公立学校成为提供和维持基于经济机会平等的社会的希望。企业主认为,公立学校教育具有使工人社会化和训练工人的功能,而工人则认为公立学校教育可以打破资产阶级对知识的垄断。

第三,在社会文化上,19世纪早期,美国大多数社会团体都确信,公立学校运动是控制和稳定社会的有力手段。公立学校运动的领导人也试图保持一套支配地位的文化价值观,这种文化价值观基本上是新教的和中产阶级的。在公立学校运动的早期,这种价值观主要是为了保护新教的意识形态免受爱尔兰天主教思想的冲击,在19世纪后期和20世纪早期,它则演绎着使移民美国化的功能。

第四,就教育系统本身而言,公立学校运动在思想和实践方面,为建立美国统一的公共教育制度奠定了牢固的基础。1859年,仅马萨诸塞州就有4 000多所公立学校,这批学校构成了初等教育的主体,这使得19世纪后期公立学校和州立大学得以迅速发展。马萨诸塞、纽约和宾夕法尼亚等州的公立学校系统已经将范围扩大到中学,少数一些州如密执安和威斯康辛州则将州立大学作为公立学校运动的顶层了。公立学校运动也推动了师范教育的发展,直到19世纪30年代,纽约、宾夕法尼亚、印第安纳和威斯康辛等州还以公共资金资助私立师范学校,然而一则私立师范学校毕业学生人数有限不敷所需,二则毕业生的质量因为出自私立师范学校而不由政府机关控制,所以创办公立师范学校便提上议事日程。1839年,马萨诸塞州在贺拉斯·曼的领导之下,在列克星敦市建立了美国第一所公立师范学校。此后,教育家谢尔顿(1823—1897)在纽约州奥斯威戈通过宣传和实践裴斯泰洛齐的教育思想发起了旨在改革师范学校内部教学的"奥斯威戈运动",进一步改善了公立师范学校运动的教学质量,美国的师范教育从此也蓬勃发展起来了。

当然,公立学校运动并不能一劳永逸地解决所有美国基础教育的问题,譬如,公立学校运动的领导者从未提出过黑人、印第安人的教育问题,少数黑人子弟仅在新英格兰地区可以进入为数很少的私立隔离初等学校学习,可见距离实现真正的教育机会均等还很遥远。再如,尽管各州都颁布过有关教育与宗教分离的法令,但公立学校中仍然教学生阅读《圣经》,可见也未做到完全的世俗化。但是,作为美国教育史上的国民教育运动和普及免费义务教育的运动,公立学校运动所取得的成果成为美国公共教育生存和发展的重要基础,标志着美国教育从此进入一个崭新的历史阶段。

第三节　多样化高等教育制度的初创

独立战争的胜利使美国在政治上获得了独立,为资本主义的发展创造了有利的条件。从 18 世纪末期开始,美国进行了产业革命,坎伯兰公路的修筑、伊利运河的开通,铁路的出现为资本主义经济的发展作了物质上的准备。同时,城市的兴起和产业工人阶级队伍的壮大迫切要求建国不久的美国高等学校在专业教育和课程改革方面作出反应。19 世纪 20 年代公立学校运动的开展和 1852 年马萨诸塞州第一部义务教育法的颁布为各州普及义务教育铺平了道路。然而,此时的高等教育质量仍然不高,课程内容狭窄,教育形式僵化,无法适应美国经济和技术革命的要求。通过改革创立多样化高等教育制度的时代终于来临了。

一、建国初期美国高等教育的概况

1.政教分离与地方分权制的确立。美国宪法修正案也即"权利法案"第一条规定美国"国会不制定规定国教的法律或禁止人民信仰宗教"。美国教育政教分离的原则由此而来。自此,公立学校不由宗教教派所控制,公立学校内也禁止宗教教育和宗教仪式,教会学校不得享受国家税收的资助。1827 年,马萨诸塞州议会通过法案,规定各地教育主管部门不得命令市镇学校购买或使用传授任何教派教义的教学用书。马萨诸塞此举旨在将清教徒学校改造成共和国的新学校,以民主政治的办学原则取代宗教的原则。1780 年,威廉玛丽学院院长在给耶鲁学院院长的一封信中写道："神学讲座已同样地被取消了。这个讲座的设置是以宣扬英国国教为目的的,因为它是英国国教会所创立的。但是从今天来看,仅仅宣扬某一教派的教义是和共和国保证人民信仰自由的原则相背叛的。因此,这项神学讲授完全废除了。"①

1787 年美国联邦宪法对教育未有论述,仅仅在第一章第八节有关于国会对人民的公共福利行使权力的规定,后来联邦政府影响全国教育的法律依据即由此而来。1791 年通过的宪法修正案第十条规定:"凡宪法不曾赋予联邦而又未曾限制划归各州的权利,都属于各州或人民的权利。"从此,教育便成为各州的职权,教育管理的地方分权体制正式开始确立。确立这一体制的优点在于使各州得以自由地发展自己的教育事业,在行使权力时既富于适应性又具有灵活性,而联邦对教育只能施加间接影响。其缺点在于建国之初百废待兴,各州教育基础不一,有些州无暇也无意于举办教育事业,致使各州教育发展很不平衡。截至 1820 年止,美国共有新旧 23 个州,许多州制定或修改了宪法,然而,有 10 个州的宪法未涉及教育。在其余 13 个州中,仅马萨诸塞、佛蒙特、俄亥俄、新罕布什尔、缅因和印第安纳等在州宪法中对教育问题作了详细规定。其余仅是一笔带过。

2.高等教育的发展。美国宣布独立后至 1800 年间创建了 16 所学院,几乎是殖民地时期学院数量的两倍。然而所有高等学校教师总数不到 100 名,学生不超过 2 000 名。在所有的高等院校中,宗教势力仍是控制大学的主要力量。新建的高等院校除查尔斯顿学院和圣约翰学院外,基本上是伴随着美国领土向西部和南部扩张而建在边疆地区的。与此同时,为了适应政治经济发展的需要,美国的高等教育经历了一个大发展过程。学院运动的支持者亚伯萨罗门·彼德斯在 1851 年曾断言:"我们的国家将是学院之国。"从此,高等院校如雨后春笋迅速生长起来。据统计,在南北战争以前,约有 700 所学院产生又消亡了。1776 年到 1861 年间建立的约 800 所学院维持到 1900 年的仅 180 所。

我们可以将促使高等教育大发展的原因归结为以下三个方面:

---

① 滕大春:《美国教育史》,人民教育出版社,1994 年版,第 156 页。

（1）经济和科技发展的要求。从 18 世纪末到 19 世纪中期正是美国进行大规模领土扩张和经济迅速发展的时期。在此期间，美国领土由原来的 205 万平方公里扩大到 800 多万平方公里。到 1850 年，全国铁路总长达 15 000 公里，居世界第一位。到 1860 年，其工业总产值较 1810 年增长近 10 倍，跃居世界第四位。这一时期还产生了许多发明，如富尔顿汽船、斯莱特纺织机、惠特尼轧棉机等。经济和科技的发展必然产生民众对高等教育的需求，正如开国元勋华盛顿所说的："要把筹办普遍传播知识的组织机构当作头等重要的目标。"（2）美国人开始认识到大学教育的价值。1878 年，伍斯特学院就向俄亥俄州的农民保证："让你的孩子接受完整的教育比给他一座农场更为合算，他在（毕业后）一年内所挣的要比农场生产所得要多得多。此外，他还可以对人的德行施加良好的影响。"1871 年，一个哈佛学生对亨利·亚当斯说："哈佛学院的学位对于我在芝加哥是值钱的。"由此可见大学教育在人们心中具有相当实用的价值。（3）教派的竞争。随着学院运动的开展，各教派逐渐将其视为扩充宗教势力的有力手段。在这一方面，卫理公会的例子是一个典型。起初，卫理公会对学院运动存有敌意，因为他们相信了解上帝的途径应该是通过个体经验而不是书本。对于他们后来也参与办学的原因，1832 年印第安纳基督教研讨会的报告论述得很清楚："当我们审视我国学术机构的现状时，我们发现它们大多处于其他教派的控制之下，以至于我们的人不愿意（我们认为这是正确的）送其子女到这些机构求学，因此我们认为应该建立我们自己所能控制的学院，在这些学院我们可以排斥那些我们认为是危险的学说。"除此以外，基础教育的发展对高等教育的大发展也起了推波助澜的作用。

与此同时，狄金森学院董事会的成员约翰·阿姆斯特朗对"学院热狂症"提出了反对意见，他的话后来被证明有着先见之明。他建议在需要的地方先建立较小规模的文实中学，然后使一部分学生得以进入现存的学院，经过一段时间以后，再在有实际需要的地方建立新的学院。在当时，他的话并未让那些狂热的学院运动的支持者支持。学院的数量仍在增加，而且相当部分的学院是由文实中学升格而来，以至于在早期美国教育史上有一条不成文的规律：凡是没有初中等学校的地方，你都可以找到一所大学。另一条规律是:让一个年轻人去当文实中学的校长,很快他就会将它升格成一所学院。例如,在雅斯贝尔·亚当斯到达南卡罗来纳的查里斯顿后,他就着手将他担任校长的文实中学变成一所学院,不久以后,该校即开始颁发文学士学位,然而雄心勃勃的雅斯贝尔仍嫌进展缓慢,1826年,他离开该校赴纽约的日内瓦学院担任院长。他的行为刺激了查里斯顿学院的校董们,等到第二年雅斯贝尔再回查里斯顿的时候,他发现查里斯顿将先于日内瓦成为大学。

3.学院的办学条件。建国之初的美国高等院校办学条件极其艰苦。常常有这种情况:一所大学有一栋建筑,但却没有学生;如果它有学生,很可能没有教室;而如果它两者都有的话,则很可能没有资金,或者没有教授;如果有教授,它很可能没有校长,或者有校长没有教授。1795年1月一个下着蒙蒙细雨的寒冷冬天,一栋两层楼的建筑物向公众开放了,它就是后来被称为南方的"普林斯顿"的北卡罗来纳大学。当时的地方长官坚持要出席这一重要场合,然而欢迎他的只有光秃的树桩和呼啸的北风。他会见了当时唯一的教职员:一名教授兼校长。一个月以后,第一名申请入学者叩响了这所大学的大门。

大学和学院的财政状况同样堪忧,办学经费的紧张使大学校长们面临强大的精神压力。1824年,在佛蒙特州的伯灵顿,曾在1806年令校长桑特尔引以为豪的建筑毁于大火。学院一时挣扎于崩溃的边缘,致使当时的校长精神错乱。在有些情况下,办学者甚至需要外出募捐。1811年,约翰·布劳恩牧师起程为俄亥俄的迈阿密大学筹集资金和图书。他对詹姆斯·麦迪逊总统的访问并未取得很大成果,只是从来自肯塔基州的一名参议员那里得到了一本五卷本的爱尔兰史。热心的普林斯顿大学校长捐给他5美元,从昆西(Quincy)的老约翰·亚当斯那里他得到了两本书、10美元以及一些鼓励的言辞。约翰·布劳恩总共为俄亥俄的这所新大学筹集到一马车的书籍和700美元。然而几星期后,在渡过小迈阿密河前往布道的路上,他不幸失足落水身亡。正是像约翰·布劳恩等人的这种令人感动的办学精神,美国的高等教育才得以向前发展。

二、州立大学的兴起

建国之初，主张联邦设立国立大学的呼声一直不绝于耳。例如，从有利于美国国家统一的角度出发，华盛顿就不止一次地向国会提出建议，认为开办国立大学可以使国民更有凝聚力，并捐赠一笔遗产作为该大学的创办基金。詹姆斯·麦迪逊总统也持同样观点，在任期内曾三次向国会提出创办国立大学议案。然而，这一提议被一再搁浅，其原因大致有以下三点：首先，一般人在这样一所国立大学的宗旨、课程和设立地点等方面无法达成一致；其次，随着地方分权制的实施，美国人民中民主主义和自由主义思想日渐流行，他们不希望出现一所为联邦政府所控制的学术机构；再次，宗教势力的干预也是一个重要原因，各宗教教派都不愿看到建立一所接受政府资助的世俗学院，他们对国会施加了压力，使得创立国立大学的议案一再流产。

虽然国立大学的设想未能得到实施，然而，各州却纷纷准备建立公立高等院校，最开始准备从改造私立院校着手，但均告失败。例如，宾夕法尼亚州议会曾改组了费城学院董事会和教授会，并改称宾夕法尼亚大学，被公开指责违宪，后于1789年复校，1791年并入宾夕法尼亚州立大学；弗吉尼亚州曾准备将杰弗逊的母校威廉玛丽学院改为州立大学，但由于种种抵制，争执多年最后只得作罢；马萨诸塞州议会也曾于1810年决议改组哈佛大学校董会，州政府向该大学委派新校董，并给予财政支持。然而，在哈佛大学长达半个世纪的斗争下，州政府的控制以失败告终。1819年，联邦最高法院对达特茅斯诉讼案的判决最终明确了私立院校取得的法律保障。

既然私立院校的办学自主权受法律保护，创办国立大学的议案又一再搁浅，而各州在发展经济的过程中又急需大量人才，因此州立大学的建立提上议事日程。北卡罗来纳州于1776年规划设立大学，1795年方才正式成立；佐治亚州于1784年决定设立大学，1801年终于将其变成现实；俄亥俄州于1802年颁发了州立大学许可证。7年后正式开学；田纳西州于1807年开始筹建，历时13年正式开学。之所以这批大学和学院难以很快设立，不仅是因为宗教势力对世俗院校的抵制，而且还因为州政府往往在发给特许状后即撒手不管。截至 1860 年止,州立大学和学院已达 66 所。若以年代计算,北卡罗来纳州立大学当属美国历史上的第一所州立大学。然而,不少教育史学者提出,这一时期的这些大学和学院还不能称之为严格意义上的州立大学,其理由有三:(1)学院的经费只有少部分来自州政府拨款,而且拨款并不定期,使得学院经费紧张,入不敷出,学院名为州立,实则独立自营。办学经费的紧张使得院校的消亡率相当高,在 66 所公立院校中约一半存在仅 20 年。(2)学院的管理与私立学院相去无几。如佛蒙特大学在成立之初,特许状规定其董事会属于自组机构,直到 1810 年,州立法机关才规定董事会成员由立法机关委派,至此方加强了州政府对该大学的管理和控制。(3)这批院校的教学水平在当时都远远低于大学水平,而且沿袭了殖民地时期的传统,没有公立特色。

同时,这批学院的进步意义也是显而易见的。传统的私立院校过于偏重学术教育,难以面向实际为百废待兴的美国提供众多的专业人才。州立大学坚持面对现实贯彻学以致用的办学方针,为独立后的美国现代化事业输送了新鲜血液。而且它们冲破了教会学院垄断高等教育的障碍走向了世俗化,在这一过程中尽管有些反复,但毕竟这一步是跨出去了。

弗吉尼亚大学的建立是美国教育史上的一个重要事件,有的教育史学者将其称为第一所真正意义上的州立大学,但我们更愿将其称为第一所现代意义上的州立大学。

作为《独立宣言》的起草人和共和国初期的一位杰出政治家,托马斯·杰弗逊早在 1779 年当选为弗吉尼亚州州长时就提出将其母校威廉玛丽学院改组为州立大学,但迟迟未能通过,于是杰弗逊转而设想建立一所公立的、世俗的州立大学。经过不懈努力,1818 年他终于向州立法机关申请到特许状,并于次年将中央学院改为弗吉尼亚大学。1825 年,弗吉尼亚大学正式开学,1831 年开始授予文科硕士学位。

开风气之先的弗吉尼亚大学在以下几个方面与以往的学院不同:(1)它是完全公立的。弗吉尼亚大学的经费由州政府提供,并接受州立法机关的控制,校董事会由州长任命。弗吉尼亚州还通过了一项法令,为每一个有参议员的地区的一位贫困学生提供免费就读的机会,甚至一度为他们支付食宿费。(2)它是完全世俗的。此前的一些州立大学往往由教会决定董事会成员的组成和教授的聘用,弗吉尼亚大学不允许宗教势力对它的渗透,不设神学讲座,可以说,它是按照启蒙运动的精神建立起来的新型高等学校。(3)在课程和专业设置上,它在当时是相当先进的。杰弗逊在 1818 年确定弗吉尼亚大学校址、课程计划和政策的报告中提出高等教育的目标是:"造就国家繁荣和个人幸福是依赖政治家、立法家、法官;……发展我们青年人的推理能力,丰富他们的心灵,养成他们的道德,给他们灌输美德和秩序的箴言;用数学和物理科学启迪他们,增进技艺,论述健康、生存、人类生活舒适等问题。"按照杰弗逊的建议,弗吉尼亚大学分为 8 个学院,即古代语言、现代语言、数学、自然哲学、自然历史、医学、伦理学和法律,它允许学生选择专业和课程。不准备攻读学位的学生可以选择自己想修的科目;希望攻读学位的学生则必须在特定学院修读,学位由各学院直接授予。在当时其他高等学校课程基本必修的情况下,这一点是具有现代意义的。由此看来,弗吉尼亚大学确实如杰弗逊所希望的,成为了"一所计划庞大、气氛自由而且现代化的大学,值得用公款来资助……"①。

在弗吉尼亚大学的影响下,到南北战争前夕,美国的 27 个州已有 25 个州建立了州立大学,不少州立大学已达到相当高的学术水平。例如,密执安州立大学被公认为西部州立大学的样板。早在 1785 年,刚刚获得独立的美国联邦政府就已出台了第一部联邦赠地法律,也即"西北部法令",规定拨给公立学校一块土地。1817 年,时任密执安州法院首任法官的奥古斯塔斯·伍德华德颁布法令,批准建立密执安大学,当时将其称为"密执安的广博知识之府,即大学"。② 法令规定,密执安大学建立文学、历史学、经济学、数学、化学、医学、天文学、军事学、智力科学等 13 个学科。此前,密执安州已经建立了全美第一个由税款支持的州公立教育制度,1817 年的法令还规定提高公共税收用以资助密执安大学。由于密

---

① 弗雷德·赫钦格等著:《美国教育的演进》,美国驻华大使馆文化处,1984 年版,第 118 页。
② 王廷芳主编:《美国高等教育史》,福建教育出版社,1995 年版,第 113 页。

执安大学的校长和教授由州长任命,教授以下的教师由学校自主聘任,因此大大削弱了宗教势力和私立学院的影响。1852 年,曾在普鲁士和其他欧洲国家大学学习过的亨利·菲利普·塔潘出任密执安大学校长,他试图将柏林大学的教育模式移植到美国来。尽管研究型的大学模式对于建国不久的美国来说有些超前,因为这一时期的美国大学更需要传授实用的知识,但塔潘成功地说服了大学董事会和教师,于 1857 年设置了高级学习课程,使研究生教育计划得以顺利通过。虽然次年塔潘即在新上任的董事会的压力下被迫离任,但"取法乎上,不落于中",他的理想最终得以实现,密执安大学终于成为一所全美闻名的大学,并对美国大学的研究生教育和其后成立的州立大学产生了深远的影响。

三、高等教育的多样化

1.技术院校。19 世纪 20 年代以后,随着美国经济的发展,作为 18 世纪主要职业技术教育方式的学徒制已经无法为工业革命提供大量高质量的劳动力。同时,大量的科学成果转化为技术应用于生产,机器大工业生产对劳动力的素质提出了新的要求,需要劳动力具有一定的科学知识和专业技能。进入 19 世纪以来,在纽约、费城和波士顿等地区先后开设了农工学校、技工学校和工艺学校等等,这些职业技术学校的发展为高等技术学院的建立奠定了基础。

1802 年,美国政府出资创办了西点军校(West Point Military Academy),最开始它是为军事服务的,后来它开设技术课程,转为培养工程技术人员,这是美国历史上第一所工程技术学院。1824 年,纽约的一位大庄园主斯蒂芬·范·伦塞莱尔捐资在纽约北部创建了伦塞莱尔多科技术学院,目的是想通过教授"理论和实用科学"培养教师,向农民和技工的子女教授种植、制造业和家政知识。该校首任校长阿莫斯·伊顿率先采用了实验室教学方法,并开设了夜间班。直到 1835 年,该校改变了以往偏重农业教育的状况,在学院课程中增设了土木工程,并在美国历史上授予了首批土木工程专业的学位。1849 年,该校按照欧洲工业化国家的技术院校模式进一步改组,增设了采矿、建筑和地形测量等实用专业,扩大了技术教育的范围,成为了一所多科性技术学院,在 19 世纪为美国培养了许多第一流的技术工程师,正如美国教育学者卡布莱所说:"如果没有伦塞莱尔学院培养的人才,出来办理大学中新的科系,指导铁路与工厂的建造和工作,美国产业革命必会拖后 25 年。"①

进入 19 世纪中期,原来的许多文理学院适应新的科技和经济发展现实,纷纷建立了独立的工程系和学院,如联合学院于 1845 年成立了土木工程系;哈佛学院 1847 年成立了劳伦斯科学学院;同年,耶鲁学院开设一个新的科学技术系,后来发展为谢菲尔德科学学院;1852 年,达特茅斯学院成立了钱德勒科学学院;同年,布朗大学建立了实用科学系;1855 年,宾夕法尼亚大学创办了采矿、工艺与制造系。

2.女子高等教育。1783 年,一位名叫露馨姐·芙特的 12 岁女孩参加了耶鲁大学的入学考试,结果耶鲁的主考官发现:"除了性别以外,她完全有资格被录取为耶鲁大学的一年级新生。"尽管如此,耶鲁仍然拒绝将这个女孩录取为该校学生,殖民地时期认为女性在体力和智力等方面不及男性的看法长期存在,成见成为年轻女性接受高等教育的重大障碍。在 19 世纪,这种浅薄的成见是公开表达出来的,1860 年,一家颇有影响的报纸刊发专论说:"反对女性具有平等智力的重大论据是男女智力根本就不平等。要是这一点不能使一个女哲人信服,我们就提不出更好的理由了。"②随着社会的进步,许多人开始责难这种性别歧视观念,有些人委婉地提出,应该让女性接受高等教育,因为可以期望她们帮助丈夫发展事业并教育后代参与社会事务。在这种条件下,根据"隔离而平等"的原则,女子学院出现了。关于最早的女子学院成立的具体时间,美国教育史学家则莫衷一是,有的称 1821 年于纽约和马萨诸塞州成立,有的称 1836 年成立于佐治亚州梅肯市的卫斯理女子学院。至于男女同校,1833 年成立于俄亥俄州的奥柏林学院是美国教育史上第一所同时招收男女学生的高等学校,然而,当时女生在奥柏林学院主要学习家政,直到 1841 年,该校终于才有三位女生获得文学学士学位,但美国教育史上第一所向女毕业生授予学位的高等学校是卫斯

① 滕大春:《今日美国教育》,人民教育出版社,1980 年版,第 8 页。

② 弗雷德·赫钦格等著:《美国教育的演进》,美国驻华大使馆文化处,1984 年版,第 128 页。

理女子学院。

大多数女子学院设在东部,最早实行男女同校的东部大学是纽约州的康乃尔大学,该校创办者曾称凡有能力者皆能在该校就读,自然不能拒绝占人口一半的女性入学,为此该校还兴建了一栋女生宿舍。西部的男女同校制学院由于致力于训练边疆牧师,因此期望入学的女生成为牧师的妻子和助手。由此可见,在早期的女子高等教育中,并没有多少女权主义影响的痕迹,事实上,这些学院极少支持而且从不鼓励女权主义主张。在1895年和1912年东部两所最有影响的女子学院举行的民意测验表明,大多数学生反对女性有投票权。在19世纪末和20世纪初尚且如此,早期女子学院中女权主义的影响之微可以想见。

3.少数民族的高等教育。南北战争以前,法律曾规定,黑奴成为一个教徒并不等于有权要求恢复自由,同时明文规定禁止教授黑奴写字。一位法国人19世纪80年代在美国旅行,他曾评论说:"美国南方人不承认黑人终有一天能和他们混在一起生活,因此制定严厉惩罚条例,禁止教授黑人读书写字;非但不肯把黑人的地位提高到和他们平等,反而把黑人尽可能贬低到近乎畜生那样的地位。"一位黑人史学家断定,南北战争以前,成年黑人约有10%识字,其他史学家则认为这一估计过高。在南北战争前,南方几乎没有什么公共教育,种植园主为子女聘请家庭教师或者送他们到英国读书,成千上万的黑奴连人身自由都没有,更别提接受教育了。尽管美国独立后,北部诸州都先后制定了释放黑奴的条例,黑奴到达一定年龄便可获得自由,1849年,俄亥俄州还通过了法律,授权为黑人儿童另行开办学校,但是,美国南方的种植园主仍竭力顽抗,甚至通过更多的法律限制黑奴的受教育权利。

在高等教育方面,1850年曾有三名黑人正式入医学院攻读,而有些白人学生出于偏见,吁请校方将三名黑人学生开除,虽然更多的白人学生反对这种无理要求,但三名黑人学生最终还是被开除了。然而时代毕竟不因为少数白人的利益而停滞,南北战争以前,已有少数院校如奥柏林、富兰克林、拉克兰德等开始招收黑人学生。1837年,宾夕法尼亚州开设了招收黑人的切尼州立学院,1849年,该州又开办了爱弗理学院,专门招收黑人学生。尽管这些学院教学水平不高,但毕竟作出了有益的尝试。在这些学院的带动下,教会出于自身利益的考虑,为了训练遵循本派教义的牧师,开始兴建黑人学院,这一时期出现了一批可以称为真正意义上的大学的黑人高等学校,如 1854 年长老会资助建立的阿什曼学院,1856 年卫理公会在俄亥俄建立的威尔伯弗斯大学等。[①]

当然,这一时期黑人院校的教学质量与白人大学相比仍有不少差距,然而,它们却成为了当时黑人向上流动的唯一途径,不少传统高校也迫于舆论的压力开始招收黑人学生。事实证明,黑人毕业生进入政界和学术界后同样可以干得很出色,例如 1870 年从哈佛毕业的一名黑人学生后来成为了中学校长,在法学院毕业后成为了一所小有名气的黑人大学的法学院长,最后又出任了美国驻印度孟买及俄国符拉迪沃斯托克(即中国的海参崴——编者注)领事。更重要的是,黑人学院的许多毕业生成为了黑人运动的领袖,其后所有公民权运动的领袖和黑人显要均出自黑人院校。

四、高等学校的课程改革和专业教育

1.高等学校的课程改革

从 17 世纪直到 18 世纪中叶,由古希腊和罗马的语言文学以及神学、伦理学、政治学、数学等科目组成的古典课程构成了殖民地学院的核心课程。同时,尽管硕士学位课程没有必修科目的要求,但学士学位课程基本上由必修科目构成。在这一时期,欧洲近代自然科学的各门学科飞速发展,取得了前所未有的重大成就。科学的发展对美国高等学校的课程结构逐渐产生了重大影响并最终开始冲击传统的古典课程。启蒙运动虽然发源于欧洲,但其理论影响则更广泛地深入了美洲社会,启蒙运动促使每一个美国人,不论他在政府还是教会,田野抑或是森林,都必须不断运用自己的理性以自觉的行动适应新的形势。这是一个通过理性努力进行自我改革的年代,各地都出现了辩论会、文学社和图书馆联合会。1833 年,《纽约太阳报》以一个便士一份的售价发行,从此,每一个美国人都可以通过这种"廉价报纸"方便地获取信息,报纸也在迎合群众的不同情趣的同时,刊载一些讨论实际问题和科学问题的文章,在客观上提高了群众的文化水平。1826 年,一个名叫乔赛亚·霍尔布鲁克的新英

---

① 王廷芳主编:《美国高等教育史》,福建教育出版社,1995 年版,第 8 页。

格兰人发起了文化讲座运动,这是一个用以鼓励各地方文化会堂收集图书建立图书馆,研究科学问题和组织讨论小组的全国性有组织的成年人教育计划。凡此种种,都成为了对群众教育大有裨益的手段。① 与此同时,美国建国后,产业革命徐徐拉开序幕,笼罩在高等院校上的神学和古典主义气氛开始消散,州立大学的建立对传统高等院校加快改革步伐树立了榜样。美国高等学校的课程改革已经是"山雨欲来风满楼"。

在 1796 年和 1806 年间,普林斯顿招收了特殊科学学生。尽管这批学生并不能获得学士学位,但他们却能获得所学科目的熟练证书。后来普林斯顿放弃了这一实验,但在 1802 年联合学院以极大的热情接过了这一实验的接力棒。在新成立的学院中,允许学生修习他们偏好的科目的部分课程计划以及教授现代语言以取代希腊语等措施成为这些学院的突出特点。在 1816 年的宾夕法尼亚大学,学校董事会成立了一个由四人组成的"物质科学和农村经济学院"。19 世纪 20 年代,在美国北部的哈佛、阿默斯特、佛蒙特和南部的纳什维尔都不约而同地开展了课程改革。以今人的眼光看来,无论这一批学院在具体的改革举措上有什么不同,其核心都是围绕着知识的传播与知识的发展展开的。当时,学院的批评者批评大学既未能很好地为民众服务,又缺乏勇气探索高水平的知识。改革者认为,学院在一方面应该是更为大众化的,在另一方面它应该是更加理性的。例如,俄亥俄大学在 19 世纪 20 年代和 30 年代一直面临着公众与日俱增的压力,要求该校将授课重点从传统学习科目转移到对现实生活更有意义和更有用途的内容上去。

在众多高校的改革探索中,削弱传统教学科目的办法基本上有两种:一种是提供平行课程瓦解古典科目的阵地,另一种是减少传统科目的授课时间,代之以开设小型新型课程。1825 年,迈阿密大学对公众的批评意见作出反应,开设了"英文科学"的课程,以现代语言、应用数学和政治经济学替代古典科目。与其他学院一样,迈阿密大学的新课程计划只颁发熟练证书,而不是学士学位。无疑,迈阿密大学的改革包含着这样一层含义,即大学应该为那些不准备攻读学位的学生留有余地。迈阿密大学课程计划宣布,"文学和科学知识不应该再只是某些专业人士的

———————

① J.布鲁姆等著,杨国标等译:《美国的历程》上册,第 423 页,商务印书馆,1995 年版。

专有权利……它应该成为普通大众的普遍权利。"由此可见,迈阿密大学的课程改革带有明显的民主色彩。

平行课程曾使联合学院在 19 世纪 20 年代和 30 年代显赫一时。1829 年,联合学院在招生数方面名列全美第三,1839 年名列第二,仅次于耶鲁。尽管联合学院的成功一度为传统的高校所不屑,但当这股潮流开始由西向东产生影响时,任何人都无法对其存在漠然置之。弗吉尼亚的汉普登—西尼学院于 1828 年,纽约的哥伦比亚大学于 1830 年,康涅狄格的卫斯理学院于 1831 年先后开设了文学—科学课程,显然,改革古典课程的努力已经不仅仅局限于某些西部学院和实验学院,如迈阿密学院和联合学院了。

19 世纪 20 年代,四位改革者在美国高等教育史上留下了深刻的烙印,他们是纳什维尔大学的菲利浦·林斯利,哈佛的乔治·提克诺,佛蒙特大学的詹姆斯·马什和阿默斯特学院的雅各·阿伯特。

林斯利是普林斯顿大学 1804 年的大学毕业生,并于 1816 年成为普林斯顿的古代语言教授。1824 年他接受了位于美国内陆地区的纳什维尔大学的校长职位,在 1825 年的就职演说上,他说:"农民、技工、厂主、商人、水手和士兵,都应该受到教育。"不满于大学的现状,林斯利立志建立一所新型的纳什维尔大学,一所按照德国而不是英国模式建立的大学,一所充满变革精神洋溢着学术气质的大学。他说:"我们可能仅是开始从事新的事业,任务的完成要留待子孙。就其本质而言,恐怕永远也没有'完成'一说,而只是发展、推进、扩大和补充。欧洲的大学也远未'完成',即使是一个系。"林斯利关于美国学院或大学的构想、他对学术事业的献身精神、对宗派主义的厌恶、对实用教育的认同以及对人文主义传统的坚守使他在当时的美国大学校长中特立独行,别具一格。

提克诺是达特茅斯学院 1807 年的毕业生,1815 年负笈德国,他也是第一位去德国大学从事高级学术研究的美国人。在哥廷根大学期间,他在新成立的史密斯教授讲座学习法语、西班牙语和纯文学。经过两年学习,提克诺回到哈佛,于 1819 年接受教职。1823 年一场学生骚乱使哈佛一个班上的 70 名学生中的 43 名在毕业典礼前夕被开除,提克诺抓住哈佛全校反思的机遇实施按能力划分学生并提供选修课的计划。尽管选修制一度遭到哈佛教师的反对,但在今天看来,提克诺的大学观念是有其进步意义的,虽然它远远超越于它产生的时代。1839年,哈佛终于原则上同意,学生在一年级以后,可以用自然科学、现代外语和历史来取代原来规定必修的拉丁语和希腊语。1841年,哈佛在全校范围内实行"平行课程"方案,由于教师的抵制和缺乏经费,于1846年决定将三、四年级学生选修课减为三门,其余课程恢复为必修。改革的反复意味着哈佛在新时代面前的困惑和彷徨。

詹姆斯·马什1817年自达特茅斯学院毕业,1826年成为佛蒙特大学的校长,并在那里开启了一个课程改革的新时代。他在上任后不久就向学校的教职员工提出,学院应划分成四个系,那些不以获取学位为求学目的的学生可以学习某一具体方面的内容,将学生从希腊语和拉丁语的入学考试中解放出来,废除按学生学年进度将他们分成四个年级的作法,根据学生的能力和要求帮助他们获得学位或专业证书,把课堂变成广泛讨论和探索的场所。尽管马什最终由于宗教、哲学冲突以及一系列大学校长面临的实际问题提出辞职,但他和提克诺在各自学校进行的课程改革作出了有益的尝试,布朗大学的弗兰西斯·韦兰德在其改革时称曾受到马什的许多启发。

1820年博德因学院的毕业生雅各·阿伯特领导下的教授会推动了阿默斯特学院的改革。1827年阿默斯特学院教授会印发了两份报告,一份是对当时课程缺陷的批评,一份是一系列改革的建议。第一份报告回应了1825年提克诺在哈佛改革时颁发的小册子中对当时课程的不满情绪:"当社会的各个部门都处于变革时,我们的学院却处于静止之中,或者说,如果不是完全静止的话,它们也远远地被时代抛在后面,抛在时代进步的后面。"报告呼吁对一度被忽视的学科给予重视,如美国历史、法语、西班牙语等。报告宣称,"在一个普遍进步的时代,在一个像美国这样年轻、自由和繁荣的国度里,固执地传授一些其他国家的规范和惯例是荒谬的。"阿默斯特学院教授会向该校董事会提交的第二份报告,要求开设平行课程,如法语、德语、西班牙语、农业化学、建筑学、实验物理学以及美国政治和宗教史等等。尽管校董会对平行课程的广度感到难以承受,但他们仍同意印发该报告,并允诺在资金允许的前提下实行该计划。由于资金以及其他一些具体问题,启动于1827年的平行课程计划于1829年即废止。

比起以上四所学校,弗吉尼亚大学就要幸运得多,其成功改革在相当大的程度上是因为它是新建院校,受传统的影响相对要少一些。1818年弗吉尼亚州政府任命了弗吉尼亚大学理事会,该理事会于1824年作出了改革课程的决议。受启蒙运动的影响,杰弗逊认为大学应注重新兴实用科目的传授,大学应该既能传播知识也能增进知识,根据杰弗逊的思想,该理事会提出了一整套改革方案。弗吉尼亚大学设立了八个学院,每一个学院都是一个独立的机构,最初往往只有一个教授,但很快便能发展起一支教师队伍,而且学院往往分化成不同的系。伴随着知识领域的发展,在资金允许的情况下,学院得到了尽可能的扩张。

每一个学生都可以在其选择的学院里自由地求学。弗吉尼亚大学制定了可能是有史以来美国高校中最自由的规章,1824年的决议中指出:"每一名学生都可以自由地选择他们愿意进入的学院,并且只上他们自己选择的学院。"在弗吉尼亚大学,学生就像顾客,无所谓一、二、三、四年级学生,他们凭借自己的兴趣自由地参加学习。弗吉尼亚大学最初不授予学位,每一个学院都各自颁发文凭,表示完成了某一方面的学业。直到1831年才废除了不授予学位的规定,对古典语言、数学、自然哲学、化学和道德哲学学院的毕业生颁发了文学硕士学位,两年后,现代语言学院的毕业生也获得了文学硕士学位。尽管弗吉尼亚大学毕业生的水平是否达到了硕士程度值得怀疑,但从中我们不难发现,弗吉尼亚大学的创始人对大学的期望很高,同时对自己的学术水准充满了自信。弗吉尼亚大学的模式在当时并未广泛推广,因为计划中许多东西对于当时的美国大学来说不过于先锋,而且并不是每所大学都拥有像弗吉尼亚大学那样雄厚的财力,即使这样,它仍产生了一定的影响,如哈佛的提克诺和布朗大学的韦兰德都曾访问过弗吉尼亚大学,菲利浦·林斯利的公众演说中也对弗吉尼亚计划和杰弗逊表示了由衷的敬意。

到19世纪50年代,由弗朗西斯·韦兰德领导的布朗大学的改革回应了19世纪20年代和30年代先驱者发出的呼吁。此前,1828年杰克逊总统的当选有力地荡涤了美国文化中一度潜存的贵族色彩,随着时代的发展,科学技术的进步对高等院校提出了新的要求,旧有的院校逐渐暴露出对社会的不适应,课程改革的问题再次提上议事日程。在1850年韦兰德向布朗大学董事会提交了一份报告,对传统课程给予了抨击,试图重新确立美国学院的方向。报告称美国的学院造就了一些在任何方面都不是专家的学生,他指出,"仅仅一个西点军校对美国铁路建设所作出的贡献,要比我们所有院校加起来的还要多。"旧的课程体系对于一个资源丰富有待开发的新大陆,对于新的科学技术的发展,对于千万雄心勃勃、自力更生创造经济和社会独立的美国人民来说毫无价值。他质问道:"维吉尔、贺拉斯、荷马和古希腊雄辩家的著作外加一点数学和自然哲学,对于我们大陆无穷资源的开发能够起到什么作用呢?"

韦兰德倡导建立一种"对所有阶层都有作用"的新的课程体系,特别是新兴的中产阶级。韦兰德的设想包括:废除僵化的四年制课程;给学生以选择科目学习的自由;根据课程的实用价值决定其讲授时间的多寡;实行完全自由的选修制;等等。根据这一框架性设想,韦兰德提出布朗大学应开设应用科学、农业和法学等新的课程计划。在今天看来,整个韦兰德报告是清醒的、实际的,它的许多建议都具有一定的弹性,如考虑到方案的可行性,韦兰德建议大学学习期限可以从最低两年延长到最高六年。概括地说,韦兰德报告的核心在于要使大学适应时代的经济和社会发展。

韦兰德的报告立即得到通过,布朗大学董事会为此筹集了12.5万美元,1851年计划开始启动。对于完成四年学业的学生,布朗大学授予文学硕士学位,低于这个标准的授予文学士学位,那些在实用科目中完成三年学习的毕业生有望获得哲学学士学位。尽管布朗大学的入学率有了上升,但大学仍无法开设足够的课程来实现真正的专业化,教师也很难迅速地从旧有的僵化的学科体系中走出来适应新的富有弹性的课程设计,同时改革也使许多学术水平相当低的学生进入了布朗大学。到1856年,布朗大学的教师和董事会的不满情绪使得韦兰德离职,取而代之的是明确宣布回到原来轨道上去的巴拉斯·西尔斯。西尔斯说:"我们正处于危险之中,我们正在沦为一个对不幸的人们颁发学位的机构,而不是对那些良好阶层的人给予教育。"

几乎与此同时,亨利·菲利浦·塔潘在密执安大学也进行了一场改革,以实现其将德国大学模式移植过来,建立一所以研究高深学问为目的的州立大学的理想。塔潘在密执安大学建立了"平行"的自然科学课程,对完成"平行课程"的学生授予理学士学位,并在大学四年级学生中实行"平行课程"间的选修制。与韦兰德的命运一样,塔潘被校董会解职。很明显,属于韦兰德和塔潘的时代尚未到来,不过,这一天已经不远了。

2.高等学校的专业教育

在殖民地时期,专业教育主要是通过学徒制进行的。当时殖民地许多州都为学徒制专门立法,师傅与市镇当局签约接受培训任务,市镇当局即给予相应的资料与生产工具,师傅向学徒传授技艺,学徒必须为师傅服务,包括为师傅做杂务,提供生活方便。传艺往往是在生产劳动过程中进行的,学徒观察师傅操作,聆听师傅讲解,以获得基本技能。一般来说,儿童习艺从十岁左右开始,为期七年,然后业成出师。尽管某些专业水平较高的行业对学徒培训的要求也比较高,如医学专业、法学专业等等,其学徒在接受培训前,往往要求受过一定的专业准备教育。[①] 但是,整个学徒制的培养水平仍比较低下。随着科学技术的发展和学校教育的兴起,学徒制已经越来越不能适应新的社会和经济发展需要了。

从学徒制向学校专业教育的转变也正是在以往具有较高水平的一些行业开始的,如医学、法学等。如法官塔平·里夫在 19 世纪 70 年代在指导学徒的过程中逐渐采用在办公室讲授的形式,取代以往的具体的法律实践。此前,18 世纪中叶以前哈佛和耶鲁开设了神学讲座,威廉玛丽学院在独立战争后开设了法学讲座,费城学院于 1765 年设立医学讲座。[②] 在这些讲座的基础上,哈佛大学于 1782 年,达特茅斯学院于 1798 年,马里兰州立大学于 1807 年,耶鲁大学于 1813 年先后建立医学院。1812 年马里兰州立大学创设法学专业,哈佛大学于 1817 年,耶

---

① 滕大春:《美国教育史》,人民教育出版社,1994 年版,第 107 页。
② 陈学飞:《美国高等教育发展史》,四川大学出版社,1989 年版,第 32 页。

鲁大学于 1824 年,弗吉尼亚州立大学于 1826 年先后设立法学院。耶鲁大学于 1847 年成立理学院,几乎同时,哈佛大学和密执安大学也设立理学院。①

　　高等学校的专业教育顺应了美国社会要求培养高层次专业人才的需求,同时也反映了当时知识日益分化的事实。当然,限于当时经济和教育水平的相对落后,高等学校的专业教育还不能达到较高的水平,真正高水平的专业教育还只能等到南北战争以后才能实现。

---

　　① 滕大春:《美国教育史》,人民教育出版社,1994 年版,第 223 页。

第三章　美国教育制度的形成

第一节　美国工业社会的发展

一、南北战争后美国经济的巨大变化

尽管南北战争以前,美国工业增长的百分比已经很高,然而,美国经历一个长期稳定的工业发展,显然是在南北战争以后。有学者认为美国内战实际上是美国的第二次革命,工业资产阶级通过战争终于控制了政府,从而得以贯彻自己的意志。美国的工业在这一段时期得到了政府空前有力的支持,而在战争期间达到了最高峰,战后继续如此,一直持续到19世纪末。

早在1860年的竞选活动中,共和党人为争取企业家的选票,曾保证要给予他们有利的立法。共和党在掌权后从关税、铁路、银行、移民立法等方面为适合于工业资本主义的发展创造了条件,其结果被称为美国的工业革命。1860年至1900年间,美国的铁路从3万英里增加到19.3万英里;投入制造业中的资本从10亿美元增加到将近100亿美元;产业工人的人数从130万人增加到530万人;每年的工业产值从不足20亿美元增加到超过130亿美元。1895年,美国的生产力已经是1860年的三倍以上。1860年,尽管美国在主要资本主义国家中居工业生产总值第四位,但其工业总产值尚不足英国的1/2。到19世纪末,美国工业总产值约占世界工业总产值的30%,已经成为世界上最富有和最大的工业国。巨大的工业力量使美国从一个以乡村为主的农业国转变成为一个以城市为中心的工业国。1890年时,美国制造业产品的总值超过了农产品的

总值。到1900年,美国制造业产品的产值已两倍于农产品。[①]美国完成了从工场手工业向大机器工业的过渡,从劳动密集型经济向资本密集型经济的过渡,从小规模生产的经济变成由大公司控制的经济。

二、社会达尔文主义与垄断资本主义的形成

为垄断资本主义的出现在思想上开辟道路的是社会达尔文主义。社会达尔文主义19世纪60年代在欧洲产生,不久传到美国,其创始人为英国哲学家赫伯特·斯宾塞。斯宾塞将达尔文在《物种起源》中提出的"适者生存"的理论应用到社会和经济方面,他宣称,人类社会是自然发展的,任何对现存制度的干预只会阻止进步和帮助弱者。竞争是人类前进的手段,社会中的权力会自然为能力最强的人所掌握,财产是理所当然的权力和责任的标志。斯宾塞认为,穷人不是适者,应予消灭,"从世界上把他们消灭掉,给适者留下发展的余地"。19世纪下半叶,斯宾塞的学说在美国大行其道,仅1860—1903年,他的著作在美国的出版数已达36.875万册,这在当时已经相当可观了。

社会达尔文主义得到了美国垄断资本家的一片喝彩。钢铁大王卡内基被斯宾塞称为他在美国的"两个最好朋友"之一。洛克菲勒也曾说:"大企业的成长纯粹是适者生存而已。"实际上,斯宾塞所说的"适者"都是靠不择手段地剥削工人和掠夺公众财富而成为巨富的,他们几乎完全没有道德和伦理观念。美国食糖精炼公司的老板亨利·海弗梅尔曾称,他不知道有什么伦理观念可以适用于商业。范德比尔特则说:"法律!我在乎法律吗?难道我没有权力吗?"摩根公然对记者宣称:"我对公众什么也不欠。"范德比尔特曾把漏水的船卖给政府。摩根向政府提供武器,他曾几乎没花什么钱就买进5 000支报废的卡宾枪,然后又返销给陆军,获利11.2万美元。在自由资本主义向垄断资本主义过渡的时期,社会达尔文主义的"适者生存"逻辑成为为美国垄断资本和美国垄断资本家的巧取豪夺行径辩护的理由。

---

① 顾学稼等编:《美国史纲要》,四川大学出版社,1992年版,第199页。

19世纪后半叶,随着工业的发展,生产开始集中。生产集中提高了生产率,使总产量愈高,成本就愈低。生产集中有利于控制价格,减少和消灭竞争,产生企业合并运动,最终造成大的垄断企业对美国经济的垄断。仅1897年至1904年,就有4 227家公司合并为257家,在1899年一年中,由于合并运动就导致了1 207家公司消失。垄断企业对价格的垄断使得利润大增,据估计,1900年大企业所获利润比在自由竞争条件下获得的要高40%。企业合并运动主要采取两种形式。一种是纵向联合,把原料供给、产品制造和销售等纳入一个企业组织,以提高经济效益。另一种是横向联合,最终发展成为托拉斯,也就是使同一工业部门的许多公司将它们的股本转交受托人委员会来管理所有的公司。20世纪初,大公司占美国工业企业总数的26%,却雇佣了全国劳动力的75%,生产总值占到79%。与此同时,银行资本与工业资本结合起来,投资资本家通过对投资市场的控制发挥了越来越重要的影响。根据1913年美国众议院的资料,花旗银行和第一国民银行控制了112家大公司、企业的资金224.45亿美元,其总额相当于新英格兰地区居民动产和不动产的3倍。

垄断公司的经济权力导致它们在一定程度上控制政府和社会各个部门。此外,垄断财团对文化教育和社会生活也进行渗透。以洛克菲勒财团为例,1901年和1903年,洛克菲勒先后创办了洛克菲勒医学研究所和普通教育协会。1913年洛克菲勒第二创办了洛克菲勒基金会。通过基金会和其他捐助,洛克菲勒财团还对芝加哥大学、哥伦比亚大学、普林斯顿大学和哈佛大学等名牌学校施加影响。同时,他们还控制着《时代》周刊、《幸福》月刊和《生活》周刊。

三、西部的开拓和海外的扩张

内战后,美国大举开发西部。1860—1890年间,全国约一半土地被开垦出来并有人前来定居,这可能是史无前例的大规模移民运动。在一代人之间,美国人在西部边疆地区建立了100万个以上的农场。他们开发定居的新土地,超过了以往两个半世纪中早期美国移民开发的土地面积。

在鼓励开垦的立法中,最重要的当属1862年的宅地法。它曾被誉为"历史上最伟大的民主措施"。该法规定,每个美国公民或宣布愿意成为公民的人,或者说每户这样的家庭,可以免费获得无人居住的政府所有的土地160英亩。只要定居和开垦5年,土地就永远属其所有,也可以出售。如果他希望早一点取得所有权,则可以在居住6个月后,按当时的最低价格,即每英亩1.25美元购买。1891年后,要求的最低居住期限为14个月。铁路的发展也直接促进了西部的开发。横贯美洲大陆的第一条铁路在19世纪60年代初开始修建,到1869年,东西相向修建的联合太平洋铁路与中央太平洋铁路在犹他州的普罗蒙托里接轨通车了,此后又陆续修建了一些通向商业中心城镇的支线。铁路的相继修建为西部矿业的进一步发展创造了有利条件。刺激西进运动的因素还包括西部丰富的黄金、白银、铜和铅等矿藏。随着西部农业和矿业的开发,在1890年国情普查报告中宣布,"边疆"消失了。

必须指出的是,向西扩张是与剥夺印第安人和墨西哥人的土地相关联的。杰克逊总统曾对印第安人信誓旦旦地说:"你们的白人兄弟将不会打扰你们,他们不会提出土地要求。那里的土地永远是你们的。"然而这种保证不久即被抛到九霄云外。白人农场主和采矿者不断侵入印第安人领地,引起流血战争。印第安人逐渐丧失赖以为生的条件,人口锐减,19世纪80年代降至仅20万人。同样,美国采取合法和非法的手段夺取了原来居住在加利福尼亚和得克萨斯的墨西哥人的土地,剥夺他们的选举权,使其坠入美国社会下层,沦为非技术劳工。

西部的开拓不仅为美国资本主义发展提供了国内市场、粮食和原料基地,促进了交通运输的迅速发展,吸收了巨额外资,从而使采矿业、铁路建设和其他企业有了蓬勃发展,更重要的是,它对进一步塑造美利坚民族性格和促进民主制度起了一定的作用。开拓者在西部开发过程中形成了进取、求实的精神,同时助长了美国社会流动的习惯,而随着流动形成了美国人讲求速度和效率的性格特点。在涌向西部的过程中,开拓者认为:"主张优先原则,简而言之,就是那些首先到达的人享有优先的权利。"①另外,西进运动对促进美国民主制也起了一定作用,土地所有权的分散以及需要自治来解决独特的地方问题都要求扩大民主权利,削弱集中领导的控制。当然,美国人浪费的传统与西进运动也不无关系。1859年,美国第一口油井仅钻探了59英尺就冒出了石油,许多煤矿都是露天煤矿,这使开拓者普遍认为美国自然资源取之不尽,导致美国人养成了对资源不甚珍惜的习惯。

边疆的消失使美国意识到大陆扩张的时代已告结束,海外经营活动的时代即将开始,一个海外扩张的帝国主义时代就此拉开了序幕。经历了从自由资本主义向垄断资本主义的过渡,美国的经济实力和政治生活已不可与以往同日而语,为其从大陆扩张转向海外扩张创造了条件。在此期间,美国又发生了1873、1882、1893、1929年的四次经济危机,同时,美国又意识到了其经济实力与它在世界市场上的地位极不相称。1890年,美国工业产值已跃居世界第一位,占世界工业总产值的31%,而它在世界贸易中则占第三位,落后于英国和德国,仅占世界贸易总额的10%。更重要的是,当其步入世界舞台时,英、法等老牌殖民帝国已经霸占了绝大部分殖民地,而德、日等后起资本主义国家也加入了列强的角逐。这一时期,美国种族主义、社会达尔文主义、"新天定命运"说、海军实力论一度甚嚣尘上,为美国争夺世界霸权创造舆论。为了适应商品输出和争夺势力范围的需要,美国抛弃了孤立主义传统,日益走上海外扩张道路。它一方面利用门罗主义作为干涉拉丁美洲国家的内政、排挤英国势力的工具,实现独霸拉丁美洲的野心;另一方面积极扩充海军实力,在远东和太平洋地区进行频繁的侵略扩张,以夺取新的领地和势力范围。1898年,它发动了美西战争,接着控制了古巴,霸占了菲律宾,兼并了夏威夷群岛。经过第一次世界大战,美国终于成为了世界霸主之一。

---

① 布尔斯廷:《美国人:建国历程》,生活·读书·新知三联书店,1993年版,第91—92页。

四、工业化时代的社会和文化

1.城市的兴起和多元社会的形成

杰弗逊1787年写道:"当我们相互拥挤在城市中时,我们就会变得像欧洲一样的腐败,并且像他们现在那样出现人吃人的现象。"然而仅时隔一个世纪,美国人就争先恐后地离开农村涌入城市。纽约市在1850年就有120万人,1900年时已超过300万人。芝加哥在1850年时只有3万居民,1880年猛增至50万,1900年时已有170万人口,成为国内第二大城市。尽管城市喧嚣,竞争激烈,但城市的发展却无法限制和逆转。城市的发展使贫富差距突出地显现出来。1890年的纽约,约有33万人居住在一平方英里的范围内。当时,全国16个最大城市中的1/10的人口生活在此类贫民窟中。在这些地方,传染病猖獗,1888年,纽约贫民区5岁以下儿童死亡率为139.83‰,比全市同一年龄儿童的死亡率85‰高出许多。

随着物质生活资料的日益丰富,美国社会逐渐成为消费社会。19世纪下半叶,职员的薪金和工人的工资普遍有所增加。白领工人的平均薪金在1890年至1910年期间增加36%,产业工人年平均工资同期由486美元增至630美元。这一时期,全国消费总量有了大幅度提高。美国已经步入消费社会。

新的移民大量涌入城市。1900年时,芝加哥3/4的居民是在外国出生的。当时纽约的意大利人与那不勒斯的人口一样多,德国人的数目与汉堡的人口相当,爱尔兰人的数目为都柏林人口的两倍。据估计,1910年时,全国8个最大城市中,1/3的人口是外国出生的,另有1/3以上是第二代的美国人。移民在改变民族特性方面起了不小作用。例如,爱尔兰人以及德国人的到来,使美国从一个纯粹是基督教新教徒的国家转变成一个罗马天主教在其中起重要作用的国家。美国社会的多元化使得美国文化具有了丰富的多样性。

2.宗教生活

工业社会的发展使宗教思想发生变化。达尔文的进化论对《圣经》

的权威提出挑战,大公司的兴起又削弱了新教对经济上的个人主义美德的信仰。由于进化论的影响,新教教会中原教旨主义者与自由派的斗争尖锐起来了。在经济问题上,新教徒基本持保守的经济观点,认为现存的经济制度是公正的,这使参加教会的工人日趋减少。这一时期,基督教社会主义者产生了一定影响,尽管他们不同意马克思主义者的阶级斗争学说,但他们严厉谴责产业资本主义是"基督教的信仰永远不会满意的一种拜金的制度",主张遵照上帝的法则实现人类社会的理想。新教教会改变过去不干预私人生活的传统观念,重新解释基督教,开展了社会福音运动。教会为穷人组织慈善服务,建立学校和青年组织,在19世纪90年代影响了大多数美国新教徒。

移民使天主教在19世纪末和20世纪初在规模和影响方面有了很大发展。1860年,美国有天主教徒350万,占人口的11%,而1910年数目达到1 600万,占人口的16%。天主教对社会改革基本持否定态度,后为争取成员的支持,教皇利奥十三世在1891年发表通告,谴责了对劳工的剥削,并认为维护社会正义是国家的责任。鉴于城市多数工人是天主教徒,社会福音派设法缓和新教与天主教徒间的矛盾,一方面帮助新移民适应美国生活,另一方面劝导新教徒克服传统的对天主教的歧视。1879年基督科学教会建立,力图调和超验思想和实用主义哲学,强调神学必须是实用的,其主旨是绝对信赖神力来医治社会弊病和其他人类问题。宗教已日益走向世俗化。

3.哲学的发展

美国是务实的国家,注意实用,对于理论不大感兴趣。19世纪美国应用科学十分发达,但理论科学方面则莫能望欧洲之项背。哲学方面也是如此。内战结束时,美国大学占统治地位的哲学是18世纪末传入美国的常识唯识论。19世纪八九十年代,美国哲学开始从神学中解放出来,发展成为独立的学科。在这一过程中,在美国本土生长起来的实用主义功不可没。

实用主义未提出有关神与宇宙的理论,认为人们不应该摒弃任何假设,只要从这种假设中可以产生有用的后果,这一理论与当时广泛流行于美国的两个观念密切联系,即通过演变实现进步的观念和通过科学调查获得真理的观念。杜威是实用主义的集大成者,他认为实用主义首先是一种民主哲学。在现代美国,哲学应走出象牙之塔,改造成为人们掌握自然和建立更美好社会的工具。他进而认为,只有通过行动,人们才能获得有效的思想。实用主义由于强调一切思想应由效果来判断,即效果真理论,鼓励了对传统信仰的批判,引导人们自发建立务实的原则,推动了在政治生活和个人生活各领域进行大胆的实验。

美国工业社会的发展对美国教育的影响是深远和持久的。科学和经济的发展推动了许多大学建立诸如法律、医药、建筑和工程学院,社会对劳动者素质要求的提高和民主运动的发展使得教育得到进一步普及,诞生于美国土壤上的实用主义哲学直接推动了进步教育运动的开展,与美国工业社会伴生的竞争精神也深刻感染和影响了美国的高等教育机构。可以说,这一时期美国教育的每一次发展,都是与社会的发展息息相关的,同时,美国能够从一个蛮荒之地发展成一个超级大国,也是和教育的发展分不开的。

第二节 进步主义教育运动的兴衰

一、进步主义教育运动产生的时代背景和理论基础

19世纪末到20世纪20年代的20多年时间里,美国历史上称之为"进步主义时代"。这一时期美国社会发生了巨大的变化,从以农业为主的社会进入工业社会,从自由资本主义阶段上升到垄断资本主义阶段。迅速、广泛、彻底的社会、政治、经济的转变要求教育作出相应的改变,然而此时,美国的普通学校教育却远远落后于由工业革命带来的社会结构的巨大变化,美国的学校制度、课程、教学方法沿用旧的传统,强调严格的形式训练和反复练习,学生没有学习的主动性,教育严重脱离现实。为了使学校教育把学生培养成适应现实社会生活的人,改变从书本到书本的传统教学方式,一批有识之士先后创立各种"实验学校",认为不仅应从形式上设校办学,而且必须从教学内容和教学方法上予以革新,强

调学校以儿童的活动和生活为中心，以改革旧的学校教育制度，一场历时达半个世纪之久的"进步主义教育运动"就此展开。杜威曾指出，"进步教育运动受欢迎的一个理由，似乎是它比传统学校教育的做法更符合于我们人民所信奉的民主理想，因为传统学校教育有那么多的专制措施。进步教育运动受欢迎的另一个理由，在于它的方法同传统学校教育经常采取的那些严酷措施相比，是合于人性的。"[①]早在 19 世纪 70 年代，进步教育运动就已暗潮汹涌，20 世纪的上半叶盛行于美国。1919 年创办了美国进步教育协会，斯坦伍德·柯布任执委会第一任主席，著名教育家、哈佛大学校长艾略特担任进步教育协会名誉主席。进步教育运动于 30 年代达到全盛时期，40 年代走向衰落，1955 年，赫尔菲什宣布进步教育协会解散，1957 年，《进步教育》杂志停刊。

在进步主义教育运动的理论中，卢梭、福禄培尔、斯宾塞、裴斯泰洛齐和赫尔巴特的教育思想对其产生了一定影响。卢梭在思想意识上提醒教育者尊重儿童个性的发展；福禄培尔在方法上提出寓儿童成长与学习于游戏之中的幼儿教育方法；斯宾塞在教学内容上要求抛弃古典学科，将科学作为学习的主要内容；裴斯泰洛齐主张通过儿童的感官来学习，将学习的焦点从知识转到观察，反对死记硬背，要求教师要提高教学水平，要有教学设计能力；赫尔巴特提出了兴趣学说和统觉学说，并将其在理论上概括为"形式阶段"。在这些人当中，尤以裴斯泰洛齐和赫尔巴特对美国教育学者影响最大。1892 年，美国成立了全国赫尔巴特协会，后改成全国教育科学研究会。由此可见，进步主义教育运动的理论来源十分庞杂，但是，直接促成和导致进步主义教育运动产生的理论基础是在美国本土生长起来的以杜威为代表的实用主义教育思潮。在杜威看来，普适的、永恒的、先验的真理并不存在，衡量真理的标准应是实用效果。人的思维是在疑难情景中产生、以获得经验并成为改造和指导人的活动的工具，因此，真理是解决当前需要的工具，有用的就是真理，经验高于一切，"一磅的经验胜过一吨的理论"。

杜威被广泛地认为是进步主义教育运动的代言人，杜威的实用主义

---

① 滕大春主编：《外国教育通史》第五卷，山东教育出版社，1993 年版，第 325 页。

教育哲学作为进步教育运动的理论基础,这已是不争的事实。杜威的教育哲学思想主要包括以下几点:

1.教育性质论。在杜威的教育思想体系中,"教育即生活""教育即生长""教育即经验的改造"等实际上是同一个意思。杜威指出:"生活就是发展,而不断发展,不断生长,就是生活。用教育术语来说,就是:(1)教育过程在它的自身以外无目的,它就是它自己的目的。(2)教育过程是一个不断改组、不断改造和不断转化的过程。"①杜威使用"生活"这个词来指称人类的全部种族经验,人类社会生活是人类获得经验、交流经验和传递经验的过程,教育与社会生活密切联系,教育应该成为人类传递经验和交流经验的方法和工具。基于此,杜威批判了"传统教育",认为传统教育使学校教育同儿童现在的生活经验相割裂,未能给儿童充分生活和生长提供必要的和适当的条件。

与"教育即生活"相联系,杜威提出"学校即社会"。他强调学校应该"成为一个小型的社会,一个雏形的社会"。"使得每个学校都成为一种雏形的社会生活,以反映大社会生活的各种类型的作业进行活动。"在杜威看来,学校应该把现实的社会生活简化起来,使学生养成一种社会精神,以保证社会制度更好地运转下去。杜威说:"学校是社会进步和改革的最基本的和最有效的工具。"具体地说,学校教育就是要使青少年在学校这个特殊环境中,通过参与各种集体的社会活动增长经验,养成参与和适应社会生活的能力,从而更好地交流和传递人类生活的经验。

2.教育活动论。首先,就教学方法来说,杜威提出了"从做中学"的基本原则。杜威认为,教学必须从感知开始,从经验开始,在此基础上掌握资料,形成观念,最终证实观念、检验观念。他强调,改进教学方法的唯一直接途径就是把注意力集中到唤起学生思维、促进学生思维和检验学生思维等方面,同时,应为学生提供实际的经验情境,促使学生在主动作业中运用思维能力。其次,就课程和教材来说,杜威指出:"一

---

① 赵祥麟、王承绪编译:《杜威教育论著选》,华东师范大学出版社,1981年版,第154页。

个课程计划必须考虑到能适应现在社会生活的需要;选材时必须以改进我们的共同生活为目的,使将来比过去更美好。"[1]学校在教材上"迫切的问题是要在儿童当前的直接经验中寻找一些东西,它们是在以后的年代里发展成为比较详尽、专门而有组织的知识的根基"[2]。因此,需要把各门学科的知识恢复成原来的经验,而这正是传统课程所欠缺的。传统的课程割裂了现成的知识领域,却不以儿童的兴趣和需要为根据。杜威指出,学习的课程应该是各种不同形式的主动作业。杜威本着"从做中学"的原则,设计了一套以主动作业为中心的课程教材,并提出了相应的方法。

3.教育价值论。在道德教育方面,杜威说:"道德是教育的最高和最终的目的。"他认为,在民主社会中,人的道德品质具有决定性的作用。正因为如此,教育才被视为社会进步和社会改造的最经济和最有效的手段。儿童是通过活动和交往来形成道德品质的,所以协调道德和教育两方面关系的根本途径是让他们共同参与各种社会活动或主动作业。离开了参与社会生活,学校就没有道德的目标。在职业教育方面,杜威反对狭义的职业观和狭隘的职业教育计划,要求改革学校的课程体系,把普通课程和职业课程结合起来,组成一个完整的系统,为普通教育和职业教育的共同目标服务。杜威强调:"问题不在于使学校成为工商业的附属机构,而在于利用工业的各种因素,使学校生活更有生气,更富于现实意义,与校外经验有更密切的联系。"[3]

对于杜威在教育思想上的影响,他的学生克伯屈曾说:"在教育哲学史上的地位,依我看来,他是世界上还未曾有过的最大的人物。"[4]确实,在美国教育思想史上,还没有哪个人物像杜威一样影响这么持久和深远。杜威著作中的许多精辟见解,在今天依然具有强烈的现实意义。对

---

[1] 赵祥麟、王承绪编译:《杜威教育论著选》,华东师范大学出版社,1981年版,第200页。

[2] 同上,第323页。

[3] 同上,第222页。

[4] 简·杜威著,单中惠编译:《杜威传》,安徽教育出版社,1987年版,第182页。

于在其哲学思想影响下兴起的进步教育运动,杜威生前在肯定其成就时,也指出了它的缺陷:"还没有真正地深入和渗透到教育制度的基础里去。"杜威本人尽管对进步教育协会的一些成员在教育实验中的做法并不完全表示赞同,他也曾拒绝参加进步教育协会,直到 1927 年才接受邀请,担任进步教育协会名誉主席,但是,在很大程度上,进步教育运动是以杜威的教育哲学为指导的。美国教育联谊会主席贝恩在 1949 年庆祝杜威 90 岁诞辰时说:"1919 年以来,美国进步教育运动在极大程度上是建立在杜威教育理论的基础上的。"

二、进步主义教育运动与高等教育

进步主义教育运动不只是在中小学产生了广泛的影响,在高等教育领域也不例外。进步主义教育运动的精髓与南北战争后美国高等院校的新气象不谋而合,使得高等院校普遍加强了服务职能。在康乃尔大学,首任校长安德鲁·怀特雇佣了一名外交官员教授"美国外交和领事制度";尽管约翰·霍普金斯大学是一所私立院校,但它仍然通过航海实验室、土壤和气候探测以及为公众健康服务的医学院等项目和机构加强了同政府和公众的联系;弗吉尼亚大学也增设了森林学派,以期在这方面对社会有所助益。与此同时,几乎全国所有的高校都成为了教师培训机构,并为公立学校出谋划策。在第一次世界大战前的伊利诺依大学,共有 10 万多封来信咨询农业信息和建议。全国制砖业联合会曾在 1894年的年会上提到在美国的高校中有关陶瓷制造课程和设施的缺乏,不久以后俄亥俄州立大学就作出回应,开设了陶瓷专业。当然,将这种精神发挥到极致的首推范·海斯校长领导下的威斯康辛大学。威斯康辛大学使平民的大学成为真正为平民服务的大学,使大学从特权和财富的阴影中走出来,成为一种集教师、顾问和朋友诸种身份于一身的复合物。该校的一位先生非常自豪地说:"奶牛是威斯康辛州高等教育的诸多副产品之一,因为正是大学挽救了乳酪业并使其富有效率。"1914 年《史密斯—列弗法》的通过进一步加强了赠地学院与公众间持久的亲密合作关系。该法是 20 世纪上半叶少有的联邦政府参与教育事业的立法,威尔逊总统称该法是"美国政府所采取的最有意义且影响深远的有关成人教育的措施之一"。

在全国范围的教育革新实验的鼓动下,莫尔根院长在1921年于俄亥俄州的安提奥克学院开展了工读制度,以使自由教育、工作经验与社会意识融为一体。学生修业五年,一半时间在校内进行专业学习,另一半时间在校外参与社会实践。学生在校内学习时由自己制订学习计划,养成独立自治的精神和能力,以此填平学校教育与社会现实需要间的鸿沟。与此同时,一大批院校在本科教育中采用了进步教育的做法,改组了课程以适应学生的需要,在一定程度上进行了个别化教学,学生的兴趣和才能得到了关注。总之,进步教育使美国的高等学校显得更为生气勃勃,学生的个性得到了进一步发挥,学校与社会的纽带得到了加强。

三、对进步主义教育运动的评价

进步主义教育运动一直是一个备受争议的话题。这在一定程度上是因为进步主义教育形式多样,发言人众多,彼此之间观点含糊不清,甚至相互抵触。即使是进步主义教育协会的有关出版物中的观点,也很难说代表了整个进步教育理论界和实际工作者的观点。

进步主义教育运动在理论上的声势确实很大。1938年10月31日的《纽约时报》称:"美国没有任何学校是完全未曾受过进步教育的影响的。"《时代》杂志也曾连续刊登了有关进步教育协会的图片报道,并表达了类似的观点。但是,就实际影响来说,进步主义教育协会曾宣布只有约40所学校具体采用了进步主义的教学,而且几乎全部都是私立的。当然,随着进步主义教育运动的日益高涨,许多公立学校也参加了进步教育运动,也有少数大的学区整个变成进步主义的了,但也有许多城市完全未受影响。

进步主义教育运动本身也经历了分化。1929年世界经济危机发生后,进步主义教育协会由于过分强调儿童的个人发展而备受指责,曾经是进步主义教育的热情讴歌者的美国报刊著名专栏作家李普曼此时也批评当时美国的学校充斥着浅薄鄙俗之气,他指出:"当人们发现学校学生并无共同的文化修养,他们缺乏共同的奋斗目标,他们崇奉谬误百出的神灵,他们只有在战争中才结为一体,他们在谋求生存的残酷斗争中竟然将西方社会撕得粉碎,难道是值得惊怪的么?"①此后该协会某些会员对协会的主旨作了修订,开始强调学校的社会责任。

当然,作为一次全国范围内既有理论指导又有实践基础的教育运动,进步主义教育运动塑造了美国的现代教育,使美国适应了新时代的发展,重视了儿童的个性和创造性的发展,调动了儿童的主动性、积极性,在后期强调了教育的社会功能,对教学方法、教育目的、课程改革作出了有益的探索。必须指出的是,进步教育运动是在美国本土产生的实用主义哲学的影响下建立的新型教育理论,标志着具有美国特色的教育理论体系的初步形成,标志着美国教育从步欧洲后尘走向了成熟自主发展的道路。然而,进步主义教育运动的缺陷也是十分明显的。进步主义者往往强调了从儿童的直接经验学习,却忽视了间接经验的重要性;在对儿童经验的片面强调中,教师丧失了教学中应有的主动性和主导性;对学科和课程的系统性注意不够,导致学生在学科间建立不起应有的联系,基础知识欠缺。因此,在苏联第一颗人造地球卫星上天以后,进步主义教育遭到举国上下的批评,人们普遍认为,进步主义降低了美国基础教育的水平。杜威在其一生将近结束时,在回顾了半个世纪的进步教育运动后对其表示了极大的失望。当然,进步主义教育运动表现出来的追求教育进步与革新的精神,直到今天仍然有着强大的生命力,这也是美国著名教育家克雷明在《学校的变革》一书中大胆预测进步主义教育将在美国复兴的原因之一。不出所料,到 20 世纪 60 年代中期,一些进步学校在美国又曾一度兴起。

正如克雷明在《学校的变革》一书前言中所说的:"1957 年进步教育协会的解散和两年之后它的杂志《进步教育》的停办,标志了美国教育学中的一个时代的结束。"②

---

① 滕大春:《美国教育史》,人民教育出版社,1994 年版,第 603 页。
② 滕大春主编:《外国教育通史》第五卷,山东教育出版社,1993 年版,第 360 页。

第三节　现代高等教育制度的形成

一、赠地学院的发展

尽管前加州大学校长、卡内基高等教育委员会主席克拉克·科尔认为,现代美国大学发展的实际界限起始于 1825 年哈佛大学的乔治·提克诺对哈佛的改革①,但是,他也指出,美国现代公立大学体系的产生应该源自于 1862 年《莫里尔法案》的颁布。确实,该法案的颁布推动了美国赠地学院运动的发展,适应了美国工农业迅速发展对高等教育的要求,使得高等教育的职能得以向服务社会的方向延伸。

早在莫里尔以前,1841 年,佛蒙特州议员帕垂之提出议案,要求联邦政府划赠土地,由各州举办科学、农业、机械和商业学院。伊利诺学院的乔纳森·鲍德温·特纳也曾建议联邦政府划拨各州 50 万英亩公地,在各州建立农科和工科大学,但因当时条件未成熟,提议被搁置。1848 年,贾斯廷·史密斯·莫里尔建议取消美国学院中"几个世纪以前建立的以欧洲学术为特点的那部分学习,以较新的更有实用价值的学习来填补空白"。1857 年 12 月 14 日,莫里尔在众议院首次提出赠地法案,要求联邦政府根据各州国会议员的多寡,每名拨 2 万英亩的土地,用以成立传授农工业科目的学院,明确指出其目的是"促进工业阶级的文理和实用教育"。经过辩论,议案在国会通过,但当时任职的布坎南总统以违反宪法(联邦政府在教育问题上不得侵犯州政府的职权)、联邦政府财政困难等名义否决了该项提案。1860 年,代表北方资产阶级利益的共和党人林肯在总统竞选中胜出,次年南北战争爆发,《莫里尔法案》再次提出,并将按议员名额划拨的土地由每名 2 万英亩增加到 3 万英亩。1862 年 7 月 2日,林肯总统签署通过,法案于 1862 年生效。

该法案共八章,规定联邦向各州提供联邦土地,以资助各州农业和

---

① 克拉克·科尔著,陈学飞等译:《大学的功用》,江西教育出版社,1993 年版,第 8 页。

工艺教育的发展,向各州拨赠的土地面积依据1860年各州拥有的国会议员人数而定,每有一名议员赠送土地3万英亩。根据该法,各州要将新获土地出售,用所得经费建立永久性基金,资助最少一所院校,"这所院校要在不排斥科学、经典学科和军事战术课程的前提下,教授与农业和工艺有关的学科"。可以使用出售土地获得的资金购买联邦或州政府债券或其他可靠债券,以扩大永久性基金。出售土地所获资金的10%可用于购买校址,其余将设立利息不得低于5%的捐赠基金,捐赠基金如5年内未使用,将全部退回给联邦政府。当时,联邦政府共赠送了1 743万英亩土地。据统计,自1862年《莫里尔法案》开始实施到1922年阿拉斯加大学建立为止,美国共建立了69所土地赠予学院。[①]

1890年,哈里森总统批准第二个《莫里尔法案》,规定联邦政府第一年补助各学院1.5万元,以后逐年增加1 000元,直到每年补助2.5万元为止。这一法案使联邦政府对土地赠予学院的年度拨款制度化了。该法案还根据南方保守势力卷土重来的现实,规定土地赠予学院在录取新生时,不得实施种族歧视,否则联邦就要中断资助。

1874年,国会又通过了海奇法,该法授权联邦政府每年向各州拨款15 000美元以在赠地学院建立农业实验站。1907年,《莫里尔法尼尔逊修正案》规定五年之内每年在最初的赠地基金上额外追加5 000美元。1914年,国会通过了史密斯—来沃法,拨款资助"在人民中传播有关农业和家政的实用信息,并且鼓励对这些信息的利用",这一法令促进了高等学校的农业技术推广服务。1935年的班克黑德—琼斯法规定,每年增加拨款以促进赠地学院的农业科学研究和农业合作项目。

《莫里尔法案》等一系列法令的通过和实施表明联邦政府决定改变对高等教育的放任态度,打破了联邦政府不过问高等教育的传统,开创了联邦政府资助高等教育的先河,并使州政府对州高等学校的财政拨款制度化,使得州立大学迅速发展,将高等教育与国家的利益密切联系起来。尤其值得注意的是,法令促进了新型农工学院和其他类型大学的发展,在高等学校与社会间建立了有机的联系,使得服务社会和经济

---

① 王英杰:《美国高等教育的发展与改革》,人民教育出版社,1993年版,第9—10页。

成为高等学校的主要职能之一。同时,法令间接推动了美国综合大学的产生。美国著名高等教育学者考利指出:"《莫里尔法案》的最有意义之处在于它在资助创建农业、机械或其他实用学科的高等院校时,并没有规定这些院校不教授其他自然科学或古典学科,从而导致了美国高等院校中最有影响的学校——综合大学的产生。"①总之,正如美国教育史学家喀布莱所说:"联邦政府给予教育的多种补助中,似乎没有别的补助像拨地兴建农工学院,和以后拨款举办这类教育,获得更丰硕的成果了。"②

在众多的赠地学院中,最著名的要数康乃尔大学,它在当时成为其他赠地学院的样板。1865 年 4 月 27 日,纽约州州长鲁本·芬顿签署一项法案,批准成立康乃尔大学。该校正式建于 1868 年,在庆祝该校获得特许状的庆典上,该校创建人康乃尔指出:"这所学院将向社会的工业和生产阶级提供最好的设施,以使他们获得实用知识和精神文化","这所学院将使科学直接服务于农业和其他生产行业"。建校的目的是使学校成为"任何人都可找到自己所想学的任何学科的地方"③。首任校长怀特也认为,康乃尔大学应该成为"一所真正伟大的大学,它犹如一个核心,聚集着自由开放的学者。它是一个轴心,从这里出发,人,人的思想观念,迈步走向四面八方,走向未来,为民族增光添彩"。一群经历内战的士兵,穿着他们昔日的军服成为康乃尔大学的第一批学生。1871 年,该校招收了 250 名新生,这是美国高校有史以来一所大学一年招生最多的一次。

在康乃尔大学建校之时,它的 7 所学院有 4 所是独立集资的,即私人捐助学院,其他 3 所是州资助学院,这使康乃尔大学一方面保持了常青藤校盟特有的人文主义气息,另一方面又表现出了州立大学特有的朝气和活力。正如康乃尔大学第三任校长雅各布·古尔德·舒尔曼所说的:"在美国,我们不仅有私立大学、州立大学,而且还有康乃尔大学,

① 王廷芳主编:《美国高等教育史》,福建教育出版社,1995 年版,第 134 页。
② 滕大春:《美国教育史》,人民教育出版社,1994 年版,第 402 页。
③ 王英杰:《美国高等教育的发展与改革》,人民教育出版社,1993 年版,第 9—10 页。

它既是一所私立大学又是一所州立大学。"①它的学生来自全美50个州以及90多个国家,各自拥有不同的传统和期望。直到今天,在该大学既有博大精深的基础科学研究,同时也遵循当年的校训,开设有益于社会的学科。

首任校长怀特曾先后就读于法国的索邦大学、德国的柏林大学和美国的密执安大学,由于他对在耶鲁就学时人文学科学生对谢菲尔德学院理科学生的歧视记忆犹新,所以他在1868年的就职演说中强调康乃尔大学没有等级制度,所有学生和所有学科都将受到平等的尊重。教育的真正目的在于发展学生各个方面的才能,承担各种社会责任。怀特积极提倡高等教育的民主化,康乃尔大学改变了美国传统学院只接受上层阶级子女和只传授古典学科知识的传统,把大学大门向中产阶级子女和农民子女打开,工艺和农业教育也成为了大学的主要任务之一。作为一所新型大学,康乃尔大学未设神学院,坚持高等教育的世俗性,因而常常遭受传统大学的攻击。它也是美国较早提倡女子高等教育和黑人高等教育的院校之一。

康乃尔大学树立了大学的服务观念,体现了自由、实用的办学思想和精神,学校课程设置宽泛,学生选修课程和专业较为自由。在美国高等教育历史上,康乃尔大学的建立具有重要的意义,并产生了广泛的影响。明尼苏达大学校长威尔·W.福罗威尔在1869年几乎完全沿用了康乃尔大学的模式。此外,约翰·霍普金斯大学、克拉克大学、美国天主教大学、芝加哥大学等受其影响也进行了新的教育实验。

在赠地学院中,以康乃尔大学为榜样将大学的社会服务发展到新的高峰的是威斯康辛大学。1848年,当威斯康辛大学创建于麦迪逊时,它还仅是一所规模较小的非教派大学,只有在得到《莫里尔法案》划拨的赠地基金后,它才进入迅速发展时期。当时间走到20世纪后,公众对高等教育的热情空前高涨,进步主义教育运动也使人们对教育与社会的关系有了更新的认识。1904年,威斯康辛大学在查里·R.范海斯校长的领导下提出"威斯康辛思想",他在就职演说中系统阐明了大学的服务目标和

①　徐新义、萧念:《康乃尔大学》,湖南教育出版社,1991年版,第14页。

途径,主张大学服务于全州人民,人文科学、应用科学和创造性研究将共同发展,大学应进一步参与社会和改造社会。"威斯康辛思想"赋予了威斯康辛大学两项重大使命——帮助州政府在全州各个领域开展技术推广和函授教育。

范海斯认为,大学的基本职能包括:(1)把学生培养成有知识、有能力的公民;(2)进行科学研究,创造新文化、新知识;(3)传播知识,使广大民众能够应用知识解决社会各方面的问题。范海斯领导下的威斯康辛大学尤其重视第三种职能。该校的教授们不仅参加州议会的听证会,而且直接参与议会委员会的法律起草工作。他们不仅给州长和州各个部门提供咨询意见,而且直接被任命为政府官员。1910年,共有35位教授在州各委员会兼职。通过教授参加州政府的工作,威斯康辛大学成为州政府的"智囊",开创了美国高等学校为政府直接服务的先河。在为社会服务方面,威斯康辛大学将整个州作为大学校园,积极开展技术教育和函授教育,其综合化教学体系——大学推广部在各地建立了地区推广教育中心,提供各种短期实用课程,每年到威斯康辛大学学习的居民达五六千人。公共福利部作为信息中心负责解答公众提出的各种实际问题。1908年,哈佛大学校长艾略特指出,威斯康辛大学之所以成为一所优秀的州立大学,是因为它向州部门提供了专门知识,向民众提供了讲座,把大学送到人民手中。

针对人们对威斯康辛大学的社会服务是否会影响大学教学和研究的疑问,1915年路易斯·罗伯在威斯康辛召开的第一次全美大学知识推广工作会议上对与会者说:"你们在这里所看到的知识推广活动并没有玷污了大学的服务职能,大学要把自己的影响扩展到广大民众的家庭,要提供他们所需要的教育形式和教育内容。"总之,"威斯康辛思想"使得根据《莫里尔法案》创办的高等学校的服务职能更臻完善,其富有成果的实验引起全美和欧洲大学的注意,并成为效仿的榜样。服务于社会从此被公认为高等学校的基本职能之一。

二、研究生教育和研究型大学的出现

美国建国之初,鉴于其农业社会的性质,缺乏学术研究的物质基础和环境,而且受英国学院的影响较深,仅从事单一的本科教学活动。19世纪以后,由于开始了工业革命和西进运动,美国经济迅速发展,对科学研究和高级人才的培养提出了新的要求,少数院校开始发展小规模的科研和研究生教育。在弗吉尼亚大学建立之初,查理斯·默塞曾在为该大学制订的办学方案中设想,在为专业做准备和实施人文教育的高等学院教育之上,建立从事高级专业研究或为了"文化和科学昌明"的大学教育。然而,考虑到当时美国社会尚无接受高层次人才的需要,研究生教育的条件也远未成熟,因此杰弗逊认为弗吉尼亚大学没有必要完成所有层次的教育。1819年,哈佛大学教授乔治·提克诺批评美国学院不符合时代要求,不从事科学研究,图书馆设施极差,排斥现代课程,不设置专业化系科,不开展研究生教育。1826年他担任校长之后,为取得学士学位的学生开设了高一级的课程,迈出了美国研究生教育的第一步。1873年,哈佛授予了哲学和理学博士学位。1846年,耶鲁学院建立了哲学和文理系,开展高一级的教学,并于1861年首次颁发了三个哲学博士学位。1850年,布朗大学的韦兰德曾对美国高等教育系统未能满足科学和实用的研究需要和未能提供高级研究的机会感到遗憾。1852年,密执安大学校长塔潘力图将该校办成德国式大学,使大学将学术研究与适应人民需要结合起来,并开展研究生教育,但1863年他被解除了校长职务。1868年康乃尔大学成立后着手培养高层次人才,并于1872年开始授予哲学博士学位。这一段时期,研究生教育的规模很小,截至南北战争时期,全国开设研究生课程的学校不足10所,研究生总数不到600人,获得博士学位的不到6人。

南北战争以后,随着美国社会工业化步伐的加快,创办研究型大学、发展研究生教育的呼声开始高涨起来。同时,19世纪上半叶开始留德的美国学生此时也纷纷归国。据统计,在1815年到1914年的100年中,共有1万多名美国青年在德国高等学校学习过,仅19世纪60年代就有1 000多美国人在德国高等学校学习,这一批人中包括哈佛大学校长提克诺和艾略特、密执安大学校长塔潘、康乃尔大学校长怀特、克拉克大学校长豪尔、哥伦比亚大学校长巴特勒和约翰·霍普金斯大学校长吉尔曼。不仅如此,数以百计的德国学者和著名科学家移居美国,德国大学注重研究的传统开始影响美国。

1867 年,美国著名金融家约翰·霍普金斯决定捐献其在巴尔的摩的财产和拥有的俄亥俄铁路股票的资金共计 350 万美元(相当于哈佛 250 年所获捐赠基金的总和),用以创办一所学术型大学。自 1874 年约翰·霍普金斯大学开始筹建以来,大学的董事会并不清楚要将这所大学办成何种类型,为此他们访问了耶鲁学院、哈佛大学、康乃尔大学和密执安大学,最后霍普金斯大学的董事们决定创建一所完全不同的大学,不在同一层次上与已存的著名大学竞争,即"一所以德国模式为基础的名副其实的美国研究型大学"。

1876 年约翰·霍普金斯大学正式开学,早年毕业于耶鲁大学并曾留学德国的吉尔曼就任校长,他宣布"研究生教育和高一级教育是大学最重要的使命",大学的目标在于"最自由地促进所有有益知识的发展……鼓励科研……提高学者的水平"。吉尔曼认为:"真正的大学至少必须设有人文学院或哲学、法律、医学和神学院,必须提供在教授指导下从事高级研习的机会。而这些教授本身就是自己所在领域的学者。"[1]在就职演说中,吉尔曼阐述了以知识为核心的霍普金斯大学的办学思想:"最慷慨地促进一切有用知识的发展;鼓励研究;促进青年人的成长,促进那些依靠其能力而献身科学进步的学者们的成长。"[2]

吉尔曼校长办学极为严格,首先表现在该校教师的聘任上。吉尔曼将教师看作大学的中心,他聘请了世界知名学者到巴尔的摩任教,这些人都拥有德国大学的博士学位。学生的选拔也是十分严格的,吉尔曼要求其招收的学生必须是已做好准备从事高级研究的青年,即有"良好准备和能给学院的科学研究以刺激作用的学生",霍普金斯大学为它的学生提供了高额奖学金。尽管该校从创办之初即设有本科生系,但开设本科课程的目的仅在于为研究生院准备优秀人才。1876 年,该校研究生为54 名,本科生 35 名;1870 年,研究生 102 人,本科生 37 人;1885 年,研究生 184 人,本科生 96 人;1895 年,研究生 406 人,本科生 149 人。与此同

---

① 陈学飞:《美国高等教育发展史》,四川大学出版社,1989 年版,第 70 页。
② 陈树清:《美国研究生教育发展的历程及其特点》,《外国教育动态》,1982 年第 1 期。

时,该校却没有一块校园,也没有体育运动场,确如吉尔曼所说:"我更喜欢把霍普金斯的钱花在人才上而不是学校建筑方面。"

无疑,霍普金斯大学在高级人才的培养上取得了相当的成功。到1901年,该校的哲学研究院已扩展到13个系,其医学院举世闻名。霍普金斯大学从建立到19世纪80年代末,培养的哲学博士总数超过了哈佛和耶鲁培养的博士生总数之和。据詹姆斯·塞特尔1926年的统计,每1 000位著名美国科学家中就有243人是霍普金斯大学的毕业生。1896年,教师中有3名或3名以上是霍普金斯大学毕业生的美国高校超过了60所,其中哈佛10人、哥伦比亚大学13人、威斯康辛大学19人。1926年该校建校50周年时,其1 400名毕业生中有1 000名在全美各院校中任教。

由于在巴尔的摩和俄亥俄铁路投资的亏损,加上吉尔曼1901年的退休,霍普金斯大学在经历了二三十年的鼎盛时期后退化为相对规模较小的一般性大学。然而,美国高等教育史学家普遍认为,1876年以前美国并没有大学,只是在约翰·霍普金斯大学创立后,美国才有了严格意义上的现代大学,使学者可以在专业领域中将教学与研究结合起来,使高层次人才的培养和开展科学研究成为大学无可推脱的使命。从此以后,博士学位成为在美国大学从事教学和研究的资格证书,客观上推动了美国大学学术水平、师资水平的提高。更重要的是,霍普金斯大学的哲学博士毕业后,将现代大学的思想和科学研究的精神传播到全美各地,促进了传统学院如哈佛、耶鲁和州立大学如威斯康辛、康乃尔改造为现代大学的进程,同时也为新的研究型大学如芝加哥大学等的创立开辟了道路。就此,哈佛大学校长艾略特曾评价说:"哈佛大学研究生院只有在霍普金斯大学迫使我们的教师努力发展他们的研究生教育机构之后才得以发展。对哈佛如此,对于美国其他大学也是如此。"

在仿效霍普金斯大学的热潮中具有代表性的是芝加哥大学。1888年,洛克菲勒捐款筹建芝加哥大学,1892年该校正式开学。首任校长哈珀决定将其办成一所美国大学而不是学院。他将芝加哥大学分为5个主要组成部分:(1)大学本部;(2)大学推广部;(3)大学出版社;(4)大学图书馆、实验室和博物馆;(5)大学附属机构。建校伊始,哈珀就宣布,"在这所大学,研究工作是第一位的,教学是第二位的"。为此,他提出三条办学原则:第一,向每一个知识领域不断探索;第二,积极努力地将知识服务于人类;第三,使人们有更多的途径进入高等学校。哈珀创造性地将本科分为两个阶段,即初级学院和高级学院。

为了保证研究的水平,哈珀在1892年以双倍的薪金将克拉克大学最好的教师几乎全部"挖"走。建校第一年,哈珀聘任了120名教师,招收了来自33个州和15个国家的328名本科生、210名研究生和204名神学学生。就规模而言,该校创造了美国新建大学的最高纪录。1896—1897学年度即建校第四年,该校在校生已达1 000多人,超过了哈佛大学。由于洛克菲勒的慷慨捐助,芝加哥大学聘用了当时美国一批最著名的学者,如约翰·杜威、索尔斯坦·维布伦、詹姆斯·安吉尔等,使芝加哥大学很快地名噪一时,并形成了著名的"芝加哥学派"。为了使教师拥有更多的自主权,学校董事会只负责财务,学术事务由大学教师主持,教师可以通过少数服从多数的表决方式设置或者改变课程。

在这种情况下,美国的研究生教育迅猛发展。1900年,全美研究生总数从1871年的198名发展到5 800名,开设研究生课程的学院和大学已达约150所,其中1/3的学校开设了博士课程。该年全美共授予博士学位382个,较1890年增加一倍。1898—1899年度,招收研究生在百名以上的学校有10所。20世纪上半叶,美国的各级高等教育全面扩展。从1920年到1940年,美国18~21岁人口仅增长0.3倍,而高等学校在校学生数增长了1.5倍,在校研究生数增长了5.8倍,硕士和博士学位授予数分别增长了5.2倍和4.3倍,博士授予大学由44所增加到88所,硕士授予大学由200所增加到300所。博士学位的增多使20世纪初博士学位成为获得终身教职的基本条件之一。

与研究生教育同时得到发展的还有各种专业学会的成立和学术刊物以及出版社的创办。美国化学学会于1876年、美国考古研究会于1879年、美国现代语言协会于1883年、美国历史学会于1884年、美国经济协会于1885年、美国数学学会于1888年、美国心理学会于1891年、美国政治科学学会于1903年、美国社会学学会于1905年先后成立。到1908年,美国已经有120个全国性和550个地方性的学术团体。从1878

年到 1881 年,约翰·霍普金斯大学先后创办了《美国数学杂志》《美国化学杂志》《美国哲学杂志》《美国物理学杂志》等。在哈珀任校长期间,芝加哥大学出版了《政治经济学杂志》《地质学杂志》《大学评论》《美国社会学杂志》等 10 余种学术刊物。1900 年前后,美国高等教育的各个主要学科基本上都有了自己的学术刊物。此后随着各学科的进一步分化和研究的进一步深入,学术刊物得到进一步的发展。据统计,在二战结束前,仅在历史学科领域,全美就有 86 种学术期刊在出版发行。这一时期大学出版社的创办同样引人注目。1869 年,康乃尔大学在美国率先使用了"大学出版社"的名称;1878 年,吉尔曼在霍普金斯大学建立了活跃的大学出版机构。如前所述,哈珀在设计芝加哥大学时,也将出版社作为仅次于大学本部和大学推广部的一个重要的部分。到 1948 年二战结束后不久,共有 35 所大学设有出版社,占全国出版社的 8%。学术刊物的创办和出版社的成立使大学作为精神文化中心的地位更加引人注目。

1900 年,由哈佛、哥伦比亚、约翰·霍普金斯和加利福尼亚等五所大学发起,由耶鲁、康乃尔、密执安、普林斯顿、斯坦福、威斯康辛和宾夕法尼亚等共 14 所大学参加的全美大学联合会作为美国研究型大学的组织成立。这 14 所大学授予的博士学位占全美博士学位授予总数的 90%。该会的主要任务是建立颁发哲学博士学位的一致标准,保证研究生教育的质量;促使国外承认美国的哲学博士学位;支持较差的大学提高标准。此后,各大学对研究生的入学考核、课程学习、学分要求、论文答辩和学位授予等都作出了相应的规定,在学系或学院之上建立了研究生院或专业学院,研究生院成为美国大学的标准设置,使研究生教育在组织上更为专门化和制度化。因此,该联合会的成立标志着美国研究生教育进入成熟阶段,美国主要大学与欧洲大学有了平等地位。

进入 20 世纪以后,在研究生教育得到进一步发展的同时,美国的研究生教育呈现出以下两个特点:第一,博士后教育得到了足够重视,获得了长足发展。1876 年霍普金斯大学成立时,在该校当年招收的 54 名研究生中,有 4 人已获得了博士学位,这可以看作是美国博士后教育的发端。20 世纪以来,在联邦政府和各种基金会的资助下,博士后教育进一步发展。1918 年,国家科学委员会设立了奖学金,给予物理和化学学科的博士后人员 50 万美元奖学金;1922 年,洛克菲勒基金会为临床医学博士后人员资助 50 万美元奖学金,第二年,该基金会又提供了 32.5 万美元作为生物科学博士后人员奖学金。1933 年,美国高等教育机构正式介入博士后教育,在这一年,普林斯顿大学设立高级研究院,为博士后人员提供科研机会。从此,博士后教育蓬勃发展起来。第二,专业性硕士学位开始出现,颁授博士学位的学科不断增多。在硕士教育计划中,除传统的文学硕士、理学硕士外,工商管理硕士、教育硕士、城市规划硕士、公共卫生硕士等已经出现。颁发哲学博士学位的学科也由文理学科向各个专业学科延伸,农业、教育、管理、艺术、家政等都开设了哲学博士课程。康乃尔大学开设哲学博士学位的学科、专业达 49 个之多。1920 年哈佛大学设立了教育博士学位,1930 年设立了商业博士学位。到 1940 年,美国专业博士学位授予数占总数的 18%。此外,在传统的医学和法学等专业博士以外,美国开始拓宽颁授专业博士学位的学科,如教育、药学、公共卫生学和音乐等。专业性硕士和博士学位以其对应用性、实践性的强调有别于以基础性、理论性、研究性见长的哲学博士学位,满足了社会对不同类型人才的需求。

综观这一时期美国研究型大学的发展和研究生教育的开展,我们可以认定,通过借鉴德国大学的经验,美国建立和发展了自己的现代高等教育制度,结束了依赖其他国家培养高级人才的局面。进入 20 世纪以后,美国学生到欧洲获取博士学位的人数逐渐减少,而外国学生到美国学习的却大幅度增加。据统计,1904 年有 74 个国家的 2 673 名学生在美国大学学习,1911 年有 5 227 名,到 1920 年则上升到 8 357 名。由于美国没有一些欧洲国家那样的独立科学院体系,研究型大学的建立和研究生教育的开展使得政府和公众依赖大学从事科学研究,大学成为国家基础研究的中心。不仅政府提供科研经费给大学,大型企业和商业巨子也向大学慷慨解囊,如钢铁大王卡内基和石油大王洛克菲勒都曾捐资数千万美元。1902 年洛克菲勒普通教育理事会成立,1905 年卡内基促进教学基金会成立,1913 年洛克菲勒基金会成立。这些理事会和基金会的成立使私人企业和工业巨子对教育的资助制度化。据统计,1895 年到 1915

年,美国国民生产总值增长两倍,扣除通货膨胀因素,国家财富翻了一番,而同期高等学校的收入却增加了三倍,其中相当部分来自私人捐款。由于确立了科研和研究生教育在美国大学中的地位,美国大学开始分出层次。哈佛大学、约翰·霍普金斯大学、哥伦比亚大学、芝加哥大学、斯坦福大学、加利福尼亚大学和威斯康辛大学等由于开展了科学研究,发展了研究生教育,并且建立了专业学院而发展成为综合大学,还有一些学院由于坚持了博雅教育而维持了英国本科教育传统。

三、初级(社区)学院的成长

美国社区学院的产生被公认为是两股改革力量作用的产物。一方面是向德国学习,建立以科学研究和研究生教育为主要任务的研究型大学;另一方面是通过土地赠予法案建立农工大学,为国家经济发展服务。

19世纪以来,美国高等教育一直深受德国大学模式的影响,哈佛大学校长艾略特、密执安大学校长塔潘和明尼苏达大学校长福埃尔都普遍认为大学应该选拔有天才并做好准备的学生入学,以传播高深学问,进行学术研究。在他们看来,美国学院的水平只相当于德国的文实中学,美国学院教育的前两年是中等教育性质的,"应该把属于中等教育性质的大学前两年的任务交给中学来承担"。在此前后,密苏里大学校长理查德·杰西、伊利诺大学校长安德鲁·德雷帕等也提出应将学院的一、二年级与三、四年级分成两个部分,前两年属于高中教育的主张。这些建议为初级学院的产生奠定了思想基础。与此同时,美国的学院和大学面临强大的入学压力。1870年到1900年,美国高中在校学生从72 000人增加到519 000人,增长了6.2倍;大学在校学生从52 000人增加到273 000人,增加了4.2倍。在此情况下,初级学院的实验呼之欲出。

1892年,哈珀出任新成立的芝加哥大学校长,基于集中精力办好大学三、四年级和研究生教育以及使更多高中生有机会进入大学一、二年级学习的考虑,哈珀将大学分为一、二年级和三、四年级两部分,前者称为"基础学院",后者称为"大学学院"。他认为这两部分的任务是不同的,前者属于大学初级阶段,其目标是向高级阶段输送优秀学生。他指出,"那些天生不适合(获取学士学位)的学生在二年级结束时,可以自然地、不失脸面地停止学习",这样,大学就可以全神贯注于高一级的教育和科研了。1896年,哈珀将这两所学院改名为"初级学院"和"高级学院",从而使其名副其实。哈珀因首次使用"初级学院"一词而被后人誉为"初级学院之父"。

1899年9月30日,芝加哥大学董事会根据哈珀校长的建议决定设置副学士学位。1900年,该校向在初级学院结业的63名学生颁发了首批文学和科学副学士学位,同时,以往获得初级学院结业证书的学生被承认为副学士学位拥有者。在哈珀看来,初级学院可以使那些不能完成四年学院学习的许多学生至少完成两年的学院教育。芝加哥大学给在初级学院结业的学生颁发副学士学位的做法产生了重要的影响,哥伦比亚大学校长巴特勒当年就在《教育评论》杂志上撰写社论指出,"在大学头两年学业结束时授予一个称号,这是芝加哥大学采取的具有全国重要意义的一步"。1899年,美国教育总署主任在其年度报告中对芝加哥大学的创举给予了高度评价,他认为设置副学士学位有五点好处:(1)许多学生在二年级末放弃大学学习是适宜的;(2)许多锲而不舍的学生可以继续至少两年的学习;(3)专业学院可以提高录取标准;(4)许多中学会受到鼓励而发展高一级的教育;(5)许多没有条件开展大学三、四年级教育的学院会满足于只提供低年级教育而保证其基本质量。

对于发展初级学院,哈珀提出了三条途径:一是规模相当的中学附设十三、十四年级的初级学院部;二是使弱小的四年制学院舍弃三、四年级,集中力量办好一、二年级的初级学院教育,保证其基本质量;三是在条件许可的地方创建作为大学预备学校的初级学院。为了实现这一计划,哈珀鼓动芝加哥附近的中学附设初级学院,允诺其毕业生转入芝加哥大学三年级。1901年,伊利诺依州的乔利埃特地区中学在哈珀的倡导和直接帮助下,将学制向上延伸,开设了十三和十四年级课程,建立了乔利埃特初级学院,它成为美国第一所公立初级学院。围绕着芝加哥大学,周边地区很快建立了一批初级学院,其中,1896年建立的路易斯学院率先于1901年向22名毕业生颁发了副学士学位,成为美国颁发这一学位最早的独立于大学之外的私立初级学院。1897年成立的布拉德利学院也是在哈珀的带动和帮助下建立的。与此同时,一些四年制学院也接受哈珀的建议,改办为初级学院,如哈珀的母校、俄亥俄州的麦斯金葛姆学院和得克萨斯州的德凯特浸礼会学院等。

在哈珀的影响下,加利福尼亚大学教育学院院长阿利克西斯·兰格和斯坦福大学校长戴维·乔丹也提出让学术能力较低的学生进入初级学院以保证大学的统一性,他们曾谋求使州议会立法授权高中承担十三和十四年级教育的责任。1907年,加利福尼亚州议会在美国最先通过立法授权州各地区建立地方性初级社区学院,允许州内各中等教育委员会提供大学一、二年级的教育。此前,加利福尼亚大学于1892年设立初级证书,将大学教育分成一、二年级和三、四年级两个阶段,学生必须取得学完一、二年级的初级证书方可升入三、四年级。1911年,在乔丹的倡导下,弗来克斯诺学区首先制定了两年制学院计划,此后许多学区纷纷仿效,使加利福尼亚州最先有了庞大的两年制学院体系。到1930年,加州初级学院已发展到34所,在校学生达15 000人,占全国初级学院学生总数的1/2,也是加州高校在校学生总数的1/2。1916年,密苏里州的堪萨斯市初级学院向首届7名学生颁发了副学士学位,成为美国第一所颁发副学士学位的公立初级学院。到1918年,美国已有74所单独设立的初级学院,其中20%颁发了副学士学位。

初级学院的发展速度是相当迅速的。1900年,美国建立的初级学院仅8所,且全部是私立,在校学生仅100人,平均每校仅12.5人。1921年,初级学院已达207所,其中公立70所,私立137所。次年在校学生约20 000人,平均每校150人。到1938年,初级学院猛增至575所,其中公立达258所,私立达317所。1940年初级学院学生发展到240 000人,平均每校400人。这期间联邦政府教育总署于1918年在其出版的《两年度报告》中开始收入初级学院的统计资料。1920年联邦教育总署组织召开了第一次全美初级学院会议,美国初级学院协会亦于此次会议成立,并从该年起出版《初级学院指南》。协会于二战后更名为"美国社区和初级学院协会",这标志着两年制的初级(社区)学院作为一种重要的高等学校类型在美国已经得到承认。

在这一时期,初级学院的职能基本上是为大学三年级做准备的转学教育和学习两年便结业的终结教育,几乎所有的课程都是围绕普通教育展开的,职业教育所占份额微乎其微。在管理上,公立初级学院是由地方初中等教育管理机构——学区委员会管理和提供经费。教师基本上来自中学。因此,这一时期的两年制学院称为初级学院是名副其实的。使初级学院的职能发生变化,并最终使初级学院的名称得以改变的转折大约是在20世纪30年代。1936年,时任宾夕法尼亚州一所初级学院院长的霍林斯赫德撰文指出:"初级学院应当作为社区的学院,满足社区的需要……承担提升社会和发展公民智力的任务……为成人教育的发展提供机会。"文章强调初级(社区)学院应满足"社区需要"并与社区内其他机构合作。10年后,时任美国教育委员会主席的祖克也认为"与社区及其成人教育的密切联系是初级学院变革的重要特征"。这一主张在1947年杜鲁门总统高等教育委员会报告《为美国民主服务的高等教育》中再次得到重申。可见,从初级学院到社区学院,并非仅仅是名称的变化而已,最根本的是办学主旨的变化,即从为青年提供转学教育和终结性教育转向将学院拓展到整个社区,满足社区的各种需要。这一点在二战后的美国高等教育中占有十分突出的地位。

至此,由于初级学院的建立,美国创建了由大学、学院和社区学院构成的三级高等教育结构,形成了由副学士、学士、硕士和博士构成的完整的四级学位制度。尤其重要的是,初级学院的建立加速了美国高等教育大众化的进程,正如美国著名高等教育家克尔所指出的:"社区学院运动开创了向学习社会的伟大转变,在这样的社会中,每个人只要愿意,就能在几乎任何地方学习几乎任何科目。……美国正在成为首先提供普及中等后教育的国家。"总而言之,初级(社区)学院的建立与发展,促进了美国现代高等教育制度的完善。

四、选修制与课程改革

上一章中我们曾提及19世纪20年代在美国个别学院进行过的选修制实验,然而由于传统教育势力的强大和当时美国社会的客观现实,这一实验最终不得不以失败告终。南北战争以后,伴随着美国社会的急剧变化,美国的高等教育也处于变革的十字路口。在选修制的推行和课程改革方面,哈佛率先垂范,在19世纪下半叶和20世纪上半叶独领风骚。1869年,年仅35岁的化学家查尔斯,威廉·艾略特就任哈佛大学校长。上任伊始,艾略特就宣称,"我们要在这里稳步建立一所最伟大的大学"。传统的哈佛以培养"品格和虔诚"为中心,已经完全不能适应新时代的要求,哈佛必须培养19世纪工业和都市国家的领袖。他坚决主张打破哈佛与外部世界的隔离状态,提出了哈佛的座右铭并下令将其刻在校园的一个大门上:"人以增长才智,离以更好地服务于国家和人类。"艾略特在就职演说中指出:"到底是语言、哲学、数学还是科学能提供最好的智力训练,普通教育应该主要是文化性的还是科学性的,这种无止境的争论今天对我们没有任何实际意义,这所大学不承认文学与科学之间存在真正的对抗,不同意那种狭窄的选择,即必须在数学或古典语言、科学或形而上学之间作选择,对这些科学我们都需要。"

艾略特认为哈佛僵硬的课程不适应美国社会都市化和工业化的需要,这种环境无法培养出受过专门训练的领导人物,以管理复杂的现代社会,控制和领导新的社会环境。在就职演说中他宣称:"大学为人民而存在,因此必须适应其变化的特点,高等学校是准确地反映国家历史及特点的一面忠诚的镜子。""在落后的时代,大学注重哲学,在进步的时代,大学领导前进的步伐……把每一代人中的一部分带领到知识的前沿……然后对如饥似渴的青年说,这是我们父辈到达的最远端,现在该你们前进了。"[1]

为了实现自己的教育理想,艾略特上任伊始即开始选修制的改革,把新兴学科和社会急需的实用学科引入哈佛大学。艾略特坚信,选修制是保证新学科和新知识在哈佛落地生根的唯一可行方法,也是使学生能够自由学习的唯一可行途径。在推行选修制的过程中,艾略特遭遇到了空前的挑战。在其就职典礼上,校董会的一名董事就曾发言坚持学生必须完成全部必修课后才能毕业离校。在其任职期间,哈佛大学董事会的一些成员也试图逼其逊位。同时,新英格兰地区八所学院院长曾联合要

---

[1]　王英杰:《大学校长与大学的改革和发展:哈佛大学的经验》,《比较教育研究》,1993年第5期。

求哈佛使艾略特保留对希腊语的入学要求。经过艰苦卓绝的努力,艾略特在其上任后第三年也即 1872 年才取消了四年级的全部必修课,1879年进一步取消了三年级的全部必修课,1884 年取消了二年级的必修课,次年压缩了一年级的必修课,再经过了 9 年时间即 1894 年,哈佛必修课仅剩修辞学和一门现代语言,1897 年时,仅剩下一门修辞学。大约在 1886 年,选修制才基本建立起来,学生只要学习 18 门课程,其中 1/4 门获得 C 以上成绩,其余及格,就可获得学士学位。从艾略特上任的时间算起,选修制的改革前后历时 32 年。

在哈佛大学的带动下,选修制经过与古典课程的长期较量在其他高校也得以确立。1892 年,查里斯顿学院院长曾自豪地向其董事会宣布:"查里斯顿学院是全国少数几所仍能保持光荣的学院课程——古典课程——的高校之一。"然而五年之后该院就不得不采用选修制。1884 年,耶鲁大学校长波特因反对选修制而失去教师的支持不得不离职,1893年,耶鲁大学取消了三、四年级学生的必修课,在二年级学生中开始采用选修制。1901 年进行的一次调查显示,在 97 所有代表性的院校中,选修课占全部课程 70% 以上的有 34 所,占 50%～70% 的有 12 所,占 50% 以下的有 51 所。

首先,选修制的建立逐步改变了美国传统学院的贵族性质,使那些古典课程失去了中心和垄断地位,使得与社会经济发展密切相关的新学科进入高等院校,社会发展急需的律师、医生、工程师和经济学家等专门人才得以源源不断地培养出来。其次,选修制的推行彻底改变了学校的教学组织,如固定的学年、固定的课程和固定的班级建制,使教学活动更具弹性化、个性化。在 1871 年,哈佛大学不再按照四个年级列出必修课程,而是将所有课程逐一编码列出,以方便学生选课,学生只要学习一定数量的课程,获得学分,最终就可以得到学位。因此,选修制推动了学分制的建立,使学生成为了教学组织中的主体。另外,由于一些声望较高、经费较充足的学院能聘请大量的教师,开设大量的选修课,使得这些学院迅速成长为大学,而另一些学院或因坚持传统的教育哲学思想,或因经费短缺而仍以文理教育为主,停留在学院阶段,这就使美国高等教育结构呈现出多样化的态势。

然而,艾略特推行的选修制并非是完美无缺的。许多学生在选课时往往避难就易。1903 年,哈佛大学教授会对自由选修制进行调查发现,学生选课的标准往往不是根据课程内容和学生本人的志趣,而是看教授上课时间对学生是否方便,考核是否容易通过。此前于 1898 年的一次统计显示,哈佛大学约 55％的学生只选初级课程,75％的学生选课没有中心和重点。相当数量的学生刚从中学毕业,还无法对学习内容作出正确选择,在盲目摸索中浪费了许多时间。另外一个重要的问题是选修制的全面推行使大学的课程体系变得支离破碎,课程之间缺乏联系,而且有可能使学生过早专业化,忽视基础课程的学习。

　　针对选修制的弊端,1909 年,劳威尔就任哈佛大学校长后,致力于以集中和分配课程来限制学生的选课自由,力图使学生所学课程达到专与宽的平衡。劳威尔指出:"在当代复杂的世界中,自由教育的最好目标是,培养知之甚广而在某一方面又知之甚深的人……"劳威尔的所谓集中课程,在一定意义上说就是专业课程,学生通过"集中"学习这些课程,掌握某一专业学科的深入系统的知识;所谓分配课程,在一定意义上就是普通课程,学生通过"分配"学习各个知识领域,拓宽自己的知识面。哈佛的集中和分配课程制要求学生从某一学科的 16 门选修课中选择 6 门集中学习,另外在三个主要知识领域即人文科学、社会科学和自然科学中"分配"学习 6 门课程。在集中和分配课程制下,学生可以认真制定四年的学习计划,使自己的学习具有内在的逻辑联系,既掌握了广博的知识,又在某一学科具有较深入的专门知识,在一定程度上解决了专与博的矛盾。必须指出的是,尽管劳威尔改进了自由选修制,但却从来没有放弃选修制度。哈佛将德国的自由选修制与英国的导师制结合起来,形成了具有自身特色的教学制度。在哈佛大学的影响下,美国在 20 世纪 20 年代开始形成由主修课程、普通教育课程和选修课程三部分构成的大学本科课程体系。

　　纵观从南北战争到二战这一时期的美国高等教育,我们可以看到,具有美国特色的现代高等教育制度在经过改革后逐步确立起来。在高等教育的性质上,从仅仅培养贵族和神职人员转向既培养资本主义社会的统治人才又培养经济发展所需的各种专门人才和高科技人才;在高等教育的规模上,从精英教育阶段过渡到大众教育阶段,高等教育面向广大青年特别是农工大众实行开门办学;在高等教育的职能上,建立了美国特有的教学、科研和服务三位一体的职能,使大学成为促进社会发展的有力工具;在高等教育层次上,建立了由副学士、学士、硕士和博士构成的完整的四级学位制度,公私立综合大学和学院、四年制文理学院、二年制初级和社区学院构成了多样化的高等学校结构;在教学内容上,通过建立选修制及其以后集中与分配课程对选修制所作的调整,美国的高等学校初步解决了博与专的问题。总之,这一时期的改革塑造了美国现代高等教育制度,为战后高等教育的进一步发展奠定了基础。

第四章　第二次世界大战后的
美国教育改革

第一节　国防教育法与课程改革运动

第二次世界大战以后初期的美国教育界,仍然受到杜威儿童中心学说以及教育即生活等思想的影响,学术教育得不到充分重视,其主要标志是生活适应教育运动的兴起。在国际上,战争的结束并没有带来安宁。以美苏为首的资本主义和社会主义两大阵营的对抗逐渐发展成冷战。所有这些都促使了20世纪50年代末美国教育界开始反省和改革。当然,直接的导火索是苏联卫星上天。在这种背景下,国防教育法出台,结构主义课程改革运动蓬勃发展起来。

以下我们将从生活适应教育与冷战格局的形成、国防教育法、科南特与中等教育改革、布鲁纳与《教育过程》等几个方面来看伴随冷战而来的美国教育改革。

一、改革的内外部背景:生活适应教育与美苏冷战

在20世纪40年代以及50年代早期,受到杜威教育哲学和进步主义教育运动的影响,美国出现一种所谓"生活适应"运动。这里的生活是指有关家庭、儿童养育、花钱的习惯和闲暇时间的活动等。

与学术性及职业性技能相比,学校更加注重于教授人际关系和日常生活的方法。生活适应性质或称应急科目包括:"黑人研究""性教育""安全教育""消费者教育""保护国家资源教育""药物(毒品)教育"等。

应学校工作者的要求,联邦教育总署于1946年创立"青年生活适应教育委员会"。委员会建议,学校要"帮助青年人解决当前的青少年时期

的问题以及进入成年后的问题,提供勤奋工作的习惯而不是具体的工作技能或工作经历,培养能导致个人获得成功的、在闲暇时间身心愉快的活动能力"。

该委员会促进了全国数千所学校采纳生活适应训练计划。生活适应教育成为现代教育的象征,成为以前的 40 年进步主义教育改革的体现。生活适应教育的潜在主旨是"大多数青年人注定要处在美国经济和美国权力结构的边缘位置上,学校无法在为他们从事生产劳动或领导生产的准备中真正起作用,而是应该寻求使他们为生活中可能有的个人成功积蓄力量,做好准备"。

生活适应教育运动尽管在密切教育与青少年社会生活联系上收到一定效果,但中小学适应大学需要的学术教育却受到冷落,学术标准降低。这使得广大有识之士呼吁进行新一轮教育改革,提高教育质量和学术标准,适应国际竞争、科技经济发展的新需要。

在国际上,美国则面临另外一种重大挑战即冷战。冷战是理解战后美国政府、社会行为和教育政策的第一把重要的钥匙。1945 年第二次世界大战结束后,美国担负起超级大国和西方价值观捍卫者、领头人的责任,和以苏联为首的社会主义阵营展开了全面对抗和竞赛。美国对苏联采取了遏制政策,形成了杜鲁门主义、马歇尔计划和北大西洋公约组织。在美国建国后的历史上,对外事务第一次成为全国持久的需要首先考虑的事情。

本来,战争把美苏已经联系到一起,1945 年 4 月 29 日,以美苏为首的 50 个国家代表在旧金山开会,建立了联合国组织,一切似乎都按照爱好和平的人们的愿望发展。但是,战争结束后,美国和苏联之间出现了政治地理方面的对抗,联合国无力消除利益和意识形态方面的深刻分歧。

由于美苏对抗,美国政府及公众日益习惯于把美国与苏联的教育制度进行对比,反映到中小学即是要求进行更多学术科目即所谓"新三艺"的教学。在高等学校,则是在空间科技研究领域及培养高质量的科技人才方面进行竞争。当时的麻省理工学院院长指出:"教育对国家未来的利益和安全的重要意义正在得到越来越多人的认识……将美国的目标和方法与我们的对手和朋友的目标和方法相比较是有益的,我们可以从榜样中学到很多东西……我们现在必须作出更大的努力,为那些具有高超天赋的人提供超常教育的机会和条件。"

二、国防教育法

国防教育法是美苏对抗的产物,但其副产品是开始了联邦教育的新时代,因此在美国教育史上具有划时代的意义。1957年苏联卫星Sputnik号的发射向美国提出了严峻的挑战,美国朝野纷纷检讨教育政策,认为美国在科技方面已经落后于苏联,而科技的落后根源在于教育,学校没有进行高质量的学术学科包括数学、物理等学科的教学。在不到一年的时间内,国会议员们就以疯狂的热情提出了近1 500个涉及教育的议案,并且至少通过了几十个涉及教育的法令。最后,政府以非常时期的决策速度,在1958年9月2日通过了具有重大战略意义的国防教育法。当时的美国总统艾森豪威尔在签署这一法令时指出,这是一项"紧急措施",我们"要通过这项法律大大加强美国的教育制度,使之能满足国家基本安全所提出的要求"。

"国防教育法"共有十条,几乎条条都和国家安全紧密相关。该法案一开始就指出"本法的目的是加强国防,鼓励和支持教育计划的扩展与改进,以满足国防的重大需要"。它规定设立国防学习贷款,规定1959年为1 000名研究生提供奖学金,并在以后五年中每年再增加1 500名。同时,为鼓励研究生学习国家安全所急需的学科,设立了专门的奖学金。此外,还给高等学校科研以大量的补助。

该法案第一条第一款指出:

"国会发现并宣布,国家安全要求充分发展青年男女的智力资源和技术技能;当前的紧急状况要求提供更多更好的教育机会;美国国防取决于对复杂科学原理和现代技术的掌握;国防还取决于新原理、新技术和新知识的发现与发展。"

"我们必须增强我们的努力来识别和教育我国更多的天才。这就要求我们制订计划,保证一切有能力的学生不因经济困难而失去高等教育机会;这就要求我们尽快改变教育计划中的不平衡状况,这种不平衡使得我们人口中接受科学、数学、现代外语和技术教育的人比例过低。"

1958 年的国防教育法一通过,国会立即专拨 10 亿美元用于教育。此后,国会又于 1964 年和 1968 年两次修订延长了国防教育法。

国防教育法颁布后,美国在中小学大力改革数学、自然科学和外国语等所谓"新三艺"的教学。

在数学方面,以代数、几何、三角等分科的新数学取代了程度很低、重应用轻理论、范围狭窄、支离破碎的混合数学,甚至包括了线性代数、微积分、概率和统计等内容。

在自然科学方面,把物理学从选修课改设为至少一年的必修课,并提高了内容要求,强调理论性、系统性,着重阐明物理学的基本概念、知识结构和科学系统。

在外语教学方面,以往认为,外国著述大都翻译为英语,不需学生阅读原著;而且掌握外语费时费力,有时半途而废,因此学校极少教授外语。现在,美国要在世界范围内扩张势力、推销产品和文化教育模式,急需大量外语人才。因此,各中学大多增加了外语学习的年限和学时。

在大学方面,自 1958 年国防教育法颁布到 1969 年,共有 150 万人靠国防学习贷款上完了大学,1.5 万人完成了博士学位学习。①

三、科南特的教育思想及其对美国中学教育改革的影响

科南特(1893—1978),美国教育家、化学家、外交家。第一次世界大战时是化学战兵种的少校,战后先是从事炸药制造,1919 年回到母校哈佛大学任教。他在哈佛提升很快,1931 年 38 岁时任化学系主任,1933 年出任校长。在第二次世界大战期间,他致力于组织科学和工程力量支援战争,在促进原子弹试制的工作中起了重要作用;他帮助建立了国家科学基金会;他也渐渐成为现代教育的批评家。20 世纪 40 年代初,他参加了教育政策委员会并担任一段时期的主席,后又领导美国教育理事会。

科南特在教育观点上属于新传统派。战后,科南特一再强调在一个分裂的世界中教育的重要作用,认为教育应该适应国内经济和科技发展

---

① 王英杰著:《美国高等教育的发展与改革》,人民教育出版社,1993 年版。

的新需要,培养足够数量的科学家和工程师,为工业和国防提供力量。为此,学校必须有严肃的学术课程的系统教学,尤其要注重天才儿童的教育。他认为学生中的天才只是少数,应当在比较年幼的时候把他们鉴别出来,让他们选学严格的学术性科目,加以精心培养。

1955年至1957年,科南特任美国驻联邦德国大使。50年代后期,他接受了卡内基基金会的几起大宗资助,对美国中学和美国的师资培训进行研究,并向全国公布了他的研究成果,他的《今日美国中学》和《美国师范教育》两书,便是这两次研究的主要成果。

《今日美国中学》也称《科南特报告》,是他对分布在26个州的103所高中进行系统调查后撰写的。书中提出21条建议,归纳起来有如下几个方面:

1.关于中学的体制和目标。认为应该大力发展综合中学,兼顾学生的升学和就业等多种职能:(1)为所有的未来公民提供普通教育;(2)为准备就业的学生开设适用的选修课程,为他们提供谋生技能;(3)为准备升学的学生开设专门的高级文理课程。

2.关于中学的课程设置。建议加强普通教育,设置一些标准学科,作为所有学生的必修课程,包括英语、社会研究、数学、自然科学等。要求所有学生学习四年英语、三至四年社会研究,到九年级以后至少学一年数学、一年自然科学。对有学术能力的学生,要求学四年数学、四年外国语、三年自然科学,还可学习第二外语和一门社会科学。而能力稍差的学生,可以选修职业性半职业性的课程。

3.关于教学组织和方法。认为应该实行能力分组,提供适合学生个性的课程计划,而不是按升学、就业等名称分科或分轨,为此应加强学业指导制度。

4.早期鉴别和培养天才学生。他估计中学生中有15%属于高材生,2%～3%左右为天才学生,应该为他们单独配备辅导员、单独开设班级和标准较高的课程等。

科南特的教育思想特别是《今日美国中学》的建议由于适合战后美国经济和社会发展的需要,受到美国朝野的重视,在美国20世纪五六十年代的中学改革中产生了重要的影响。1961年美国全国教育协会政策委员会通过的"美国教育的中心目标"的声明,把智力训练作为中学的基本职能,就是科南特影响的产物。他的许多建议例如加强普通教育和天才教育、能力分组等被全国各地的学校采纳与实施。他的综合中学的原则对英国等其他发达国家的中等教育改革也产生了影响。

四、布鲁纳与《教育过程》

布鲁纳(1915—)是美国著名心理学家。1947 年获哈佛大学哲学博士学位。曾任美国心理学会主席、总统教育顾问委员会成员等职。主要教育著作有:《教育过程》(1960)、《教学理论探讨》(1966)、《教育的相关性》(1971)、《超越所给予的信息》(1973)等。《教育过程》是在美国科学院于 1959 年在科德角的伍兹霍尔召开中小学自然科学教育改革会议的基础上总结而成,是结构主义教学理论的著名代表作。其中系统阐述了结构主义有关"我们将教些什么? 什么时候教? 怎样教?"[①]的教学理论。

1.我们将教些什么? 布鲁纳认为,"每种学科都有其结构。知识有其内在的连接关系,即内在的意义。一些事物被欣赏、理解和记忆,这些事物必须是恰当地安装在具有内在意义的结构之中"。教学中重点要教给学生的就是学科的基本结构。学习基本结构和原理的作用是:(1)简明扼要地讲述原理,能够帮助学生有条理地理解知识;(2)基本原理有助于记忆,"高明的理论不仅是现在用以理解现象的工具,而且是明天用以回忆那个现象的工具";(3)原理不但迁移范围广阔,而且能够不断地加深和提高。"他得到的观念越是基本,几乎可以归结为定义的,那么,这个观念对新问题的适用性就越广阔。"

2.什么时候教? 布鲁纳认为,可以根据学生年龄以适当的方式将基本原理教给学生。他说,"任何学科都能够以智育上是诚实的方式,有效地教给任何发展阶段的任何儿童"。提出必须使学科的基本结构和儿童的认知结构相适应。并且认为,只要把知识结构"翻译"成儿童相应年龄阶段的认知结构能够理解的程度,多么早期的教育都能期望得到应有的效果。

---

① 布鲁纳:《教育过程》,上海人民出版社,1973 年版,第 1、2 页。

3.怎样教？最主要的教学方法是尽可能引导学生自己去发现的方法,通过这种方法加强学生的探究能力。着眼于引导学生自己去"发现以前未曾认识的观念之间的关系和相似的规律性",以及"对他本身能力的自信感"。

布鲁纳的结构主义课程论对20世纪50年代末开始的各学科的课程改革运动产生了重要的理论指导作用,得到新教材研究专家们的相当普遍的认同。

五、20世纪60年代的课程改革运动——学科结构改革的目标、内容和方法

1.学科结构改革的目标

在上述国防教育法的推动下,在科南特、布鲁纳等教育理论的指导下,教育目标从"生活适应"教育转向基础科学知识的教育,以培养未来的科学工作者。他们认为,理智训练的价值高于一般日常经验和生活能力的价值。为了使美国在冷战的竞争中超过苏联,迫切需要培养更多的科学家和工程师。在中上阶层的家长方面,他们渴望子女升上更好的大学,因此积极支持课程改革运动,以便子女学业成绩更加优异,升学准备更加充分。

2.教学内容的改革与新课程

《国防教育法》颁布后,由于有雄厚的资金资助,许多教育团体尤其是各大学和个人编写了许多新教材,出现了所谓"新三艺课程",包括数学、自然科学与外语。根据学术复兴的方向和冷战时期经济与科技发展的需要进行的改革,使教学内容更加系统化、科学化,程度更深。以下将分新课程的主要特点、新数学、新科学、社会科学新课程等几个部分作一简单的介绍:

(1)"新课程"的主要特点

美国人传统上把中小学视为地方社区的管辖范围。只有学校能够满足地方社区人民的愿望,这些学校才能称得上是真正美国式的学校。一直到20世纪上半叶,没有人怀疑过这一点。因此课程改革总是在州一

级和地方社区一级进行。然而,从 1957 年以后,许多重大的课程改革计划都是在国家一级进行的。这种转变除了苏联卫星发射的原因以外,人口的流动性以及相互依赖性也是重要的原因。"新课程"的主要特征有:

①全国性的课程改革计划一般总是在大学校园里制定,并且受到联邦政府和私人基金会的慷慨资助。

②改革计划大多是针对单独一门课程,地方学校不得不另外考虑各门课程的平衡问题。许多学校不得不"改编"而不是"采用"新教材。

③改革计划组织成员大多数来自大学文理学院、教育学院以及公立中小学。

④新课程运动开始时只涉及数学、自然科学和外语,以后逐渐发展到包括英语、社会研究。

⑤新课程开发的指导思想是,把课程内容按照不同年级作螺旋形安排。例如,不是到中学十年级才开几何课,而是从小学开始就开这门课,以后每个年级螺旋形重复这门课程。经济、地理等科目也这样开设。

⑥绝大多数新课程要求学生不只是掌握知识,而且要学习每门学科的结构,像科学家、数学家或经济学家那样思考科学、数学与经济学。"新课程"还强调概念的形成、发现式学习、思维能力的培养。教育目标是使学生获得终身学习的动机和能力。

⑦毫无疑问,这些改革计划开发出了许多新的课程内容和方法。问题是怎样使这些新课程在中小学得到实施,因为大多数教师没有学过这些新课程,要从事新课程新方法的教学,还需要掌握最新的学习理论。

⑧因此公立学校教师的在职培训的费用问题成了大问题。为此,在联邦政府的资助下,开办了许多暑期教师培训班。但由于不可能是强制性的,因此效果不明显,这也是整个课程改革运动效果不佳的症结所在。

(2)新数学

数学课程改革运动并不是 20 世纪 50 年代末才开始的,最早可以追溯到 20 世纪 30 年代。1935 年一位数学家就说:"重组教学的一个基本指导思想是,算术并不对学生的记忆力而是对学生的智力构成挑战。"据统计,1953 年,数学教学的研究项目达 1 100 个。然而,20 世纪

50 年代末的国家级数学课程改革计划引入了全新的主题,即强调数学学科的结构,把代数和几何引入小学教学。该计划优先考虑数学学科本身,而较少涉及其社会应用,培养精确地运用数学语言的能力,开发适当的教材,使用发现法的教学方法等。主要的新数学课程改革项目有如下几个:

①伊利诺大学中学数学委员会。1952 年,在马克斯·比伯曼的领导下,伊利诺大学的一个小组开始开发新数学教材,他们试图帮助中学生理解数学,并培养对数学的爱好。他们还研制了培训教师使用新教材的方法。伊利诺大学中学数学委员会还设有一个顾问委员会,其成员来自教育学院、工学院以及文理学院。1958 年比伯曼报告说:"我们现在有了供中学四个年级使用的新课程了,这些课程在 10 多所中学试用。40 位教师和 1 170 多名学生参加了这一试验。"UICSM 被认为是美国首例数学教学改革项目,为 1957 年开始的其他数学课程改革项目树立了典范。

②中学数学研究小组。该研究小组编写的教材是得到最广泛使用的数学教材。斯坦福大学的 E.G.比格尔教授是该项目的负责人。该项目发端于美国数学学会 1958 年 2 月举行的一次大会。美国国家科学基金会提供大约 800 万美元资助 SMSG 项目。该项目为中学十二年级编写了初版和修订版数学课本。SMSG 小组认为,基本数学概念是有效的数学教学的核心。该项目应该让学生了解数学的基本性质。在学生进行数字运算的同时,他们应当逐步进入更高水平的抽象。参加编写课本的专家包括数学家、数学教育家以及中学数学教师。

其他新数学计划还有:波士顿学院数学研究所当代数学计划、大格利夫兰数学计划、马里兰大学数学计划等。

(3)新科学课程

1957 年以后,科学课程的改革比任何其他课程的改革都受到更多的关注。科学技术的进步极大地改变了人们的生活方式和求生方式。即使只为了生活,对科学的掌握也变得日益重要。更何况冷战对抗和竞争提出了与国家安全休戚相关的紧迫需要。

新科学课程把重点放在科学过程方面,而较少涉及产品,强调更多地采用发现法而不是讲解法,让学生了解科学家是怎样思考问题、怎样行动的。由国家科学基金会和其他基金资助的新科学课程项目,进行了大量的试验,编写了供小学到中学使用的科学课程教材。地方学区参照这些计划的主要内容制定了新的课程指导书。大多数学区改编而不是采用这些计划编写的教科书。资助和主持这些项目的国家科学基金会也指出:"根据美国的传统,教什么的最终决定权完全在于每所学校和老师。"

(4)社会科学新课程计划

很少有社会科学学科受到国家科学基金会的资助。1962年,美国教育署开始资助社会研究项目。到1966年,在一批大学建立了14个课程开发中心。这些中心的共同目标是:①明确社会研究课程的范围和目的;②开发相应的教材和方法;③将教材投入试验、评价和修订;④推广新教材。

3.教学方法、手段、组织形式的改革

教学方法、手段及组织形式的改革主要包括电化教育手段的广泛采用、更加重视天才教育以及"发现法"的广泛应用、不分级教学、分组教学、团队教学等。

所谓电化教育手段,指幻灯、投影、电影、电视、广播及录音等视听手段的总称。由于这些手段的应用,丰富了直观教学的方式,大大提高了教学效率。前面提到的物理课程改革,也将电化教育手段的开发使用视为其重要组成部分。

由于美苏争霸的需要,教育改革的一个重要方面是特别重视天才教育,力求从中小学起就选拔和造就一批科学技术人才的苗子。前述科南特报告的一个重要主张就是天才教育。他在《改进公立中等教育的建议》一文中第九条和第十条就是针对有学术才能者和极有天才的学生提出的建议。他认为极有天才的学生约占全国学生的3%,由于人数太少,不能在学校中组班教学。因此,"应给这个组指派特殊指导人员充当导师,并应在四年高中课业中自始至终与这些学生密切接触"。

由布鲁纳倡导的"发现法",是与其学科结构的概念相配合的。他认为,要引导学生去"发现以前未曾认识的观念间的关系和相似的规律性"①,并认为,学习中的发现,确实影响着学生,使之成为一个构造主义者。他要求教师要引导学生像科学家一样思维,以促使学生有效地学习,并且调动学生进一步探究和发现的愿望。许多人认为,发现法实质上是"归纳法",学生从具体事例中进行归纳和概括。但也有人反对发现法,认为发现学习太费时间等。

教学组织形式是教学过程的重要方面,但它本身不是目的,它的目的是发挥每个教师的潜力,促进学校教学目标的实现。在美国,对学生分组进行教学始自19世纪,以后逐渐变得日益复杂。美国教育历史上有两种具有划时代意义的分组形式:1806年首先建立于纽约市各中小学的兰开斯特导生制,该制度以后推广到其他许多城市的学校;1848年美国第一所分年级的小学是波士顿市的昆西学校。分年级的学校很快在全国推广开来,并一直是美国大多数小学的主要组织形式。这种组织形式得以维持的主要原因有:教材是分级出版的、给同一班级的学生布置同样的作业相对简单易行、根据分年级的常模建立的标准化成绩测验、需要按年级向教育署报告学生的出勤率、工厂一样的组织体系能够具有某种精确性等等。

以后,将儿童严格组织起来的弊病变得越来越明显:日益增加的辍学率、留级率、聪明的学生觉得标准课程没有挑战性等。实际上,甚至在19世纪末以前,美国有些学区就试图打破这种循环。当然,20世纪50年代以来,许多组织学生的新计划更是层出不穷,主要形式有:

(1)不分级计划

20世纪50年代以来,不分级的组织教学的方式在美国得到日益广泛的使用。对600名小学生(从85 000名学生中抽样)的一次抽样调查表明,1956年6%的学生使用了不分年级的教学形式、1961年则有12%的学生使用这种形式、1966年有26%的校长说他们希望使用这种形式。实际上,在20世纪50年代,小学更多热衷于组织形式的改革而不是课程的改革。建立不分年级的学校的动因主要有两个方面:第一个方面的动

① 布鲁纳,《教育过程》,上海人民出版社,1973年版,第14页。

因是每个年级学生的知识水平存在很大差异,例如一年级学生在智力水平方面的差别达到四年之多。他们在学校学习的时间越长,这种差异也变得越大。美国虽然主张教育机会均等,但并不意味着学生在任何年龄或年级都有相同的成绩。第二个方面的动因是,儿童持续成长的教育哲学观得到越来越广泛的接受,认为学校应该根据每个孩子成长的自然模式为他提供帮助,既不能剥夺资优儿童最大限度地发展其才能的机会,也不能强迫智力较低的儿童和其他儿童同步前进,从而产生失败感。不分年级学习计划的基本特征有如下几条:

①不分年级学习计划在小学低年级(分年级学校的1～3年级)使用得最为广泛。某些学校也把该计划向前延伸到幼儿园,向后延伸到初中、高中。

②每个单元的内容都分作8～9个水平,学生根据他们的学习成绩等级从一个水平上升到另一个水平。

③老师制作出图表,表明学生要达到什么样的成绩才能从一个水平上升到另一个水平。这样的图表常常适用于阅读训练,但有些学校也用于算术和语言的学习。

④通常每个教师负责一组水平差异不大于两个水平的学生的教学。

⑤教师必须对测验手段使用纯熟;以决定一个学生何时才算完成一个水平的学习。

⑥教师和父母必须熟悉完全不同的成绩报告单形式。

不分年级的学习计划允许每个儿童按自己的学习效率去学习,减少了儿童被迫学习准备不足的内容而造成的情绪紧张。要求教师对教材目标、内容和方法更加明确,教师之间更好地进行合作。

不分年级的学习计划也并不是万应灵丹,只不过是在正确的方向上前进了一步。特别是,如果该计划只是被当作一种管理手段来调节学生的进步,那么就达不到应有的目的。它需要教师对教材进行改编。另一种局限性是,每个教师手下的一组学生也并非具有相同的学习条件。没有哪种分组办法可以使得教师完全不考虑学生的个别差异。

此外,更为重要的是,如果该计划只是要求所有学生一步一步通过预先制定的教学内容和技能的序列,那么它就变成了另外一种严密组织学生的形式,只不过水平的标准代替了年级的标准。某些学习内容是所有学生都要学的,另外一些学习内容则适应特定的需要。因此,学生应该有机会参与决定内容的选择和某些学习活动的计划。

（2）小队教学

小队教学的目的之一是更好地利用教师的特殊才能。它既适用于大班教学,也适用于个别化教学的情况。

1957年,马萨诸塞州列星顿市的富兰克林小学进行了首例小队教学的试验。到1960年,进行这种试验的中学数超过了小学数目。1956年,哈佛大学教育研究生院院长弗朗西斯·克普尔在给美国教育促进基金会的报告中首次阐述了小队教学的原理及组织结构。克普尔提出,大学和中学之间应该建立新的合作关系。美国有大约一半学生受教于经验不足的教师。必须区别对待那些把教学当作终身职业的教师和只干几年的教师。他的报告导致"中学和大学研究与发展计划"的建立。该计划描述了小队教学的详细概念、应用方法,并在列星顿、牛顿等地指导实施了这种教学形式。

根据邱宁汉的研究,他把见诸文献的小队教学形式分成四种类型:

①小队领导型:多数学校使用这种类型。由一组教师(包括两位或两位以上有任教资格的教师、一位或一位以上辅助教师,在某些情况下,还包括一名或几名师范生助教)组成教学小队,负责一大群学生。小队领导负责协调整个小队的工作,包括主持计划会议、行使各种领导职能并承担教学任务。在大多数情况下,小队领导比其他人拿更高的薪水。他负责给学生分组、开发适当的课程、指导经验不足的教师的工作。辅助教师承担非教学任务。学生助教有机会向多个教师学习、在准备充分时讲一两堂课、参与学习活动的计划和评价等。

②协调型:这种类型的教学形式大多数适用于大班教学。没有小队领导,几位教师组成小队,共同商定教学计划,做到人尽其才。小队成员包括一个学科有时一个以上学科的教师。有时还包括专业以外的成人和学生助教。

③新教师及其导师型:新教师与一到两位导师组成教师小队,共同承担大班学生的教学任务。这种类型常用于中学,不用指定小队领导。

它有利于新教师在老教师的指导下尽快成长起来。

④小队合作型：在这种类型里，教师们分别承担一门课里的不同章节，经常就教学方法、内容进行协商。

小队教学形式也不是万应灵丹。能否成功还取决于管理者、教师、家长对这种形式是否达成共识、准备是否充分、小队每个教师的专业水准、足够的教室和教材、小队领导发挥每个人的特长的能力。为了进行成功的小队教学，应该克服如下阻力：

①小队成员应该合作和谐、富于效率，人际关系的矛盾可能会削弱计划的效果。

②大班教学可能会变成正式的讲座课，学生很少有机会问问题或发表见解。

③作为小队领导的教师必须参加教学，否则会降低课程的专业水准。

④要达到最佳教学效果，必须在为这种教学形式专门设计的教学楼中进行教学。

(3)学生分组教学的几个特征

①对学生进行分组仅仅是学校组织形式的一个方面。学校组织的其他方面还包括：课程的总体设计、课堂的有效组织、组织教师改进教学等。

②最佳教学组织形式是最符合教师信念和目标的组织形式。

③没有任何一种组织形式可以使得教师不用考虑学生的个别差异。

④一个学校照搬另一个学校的一揽子教学计划通常是不明智的，必须根据当地学校的情况加以改进。

⑤采用新的学生分组形式必须同时改编适应不同类型学生的课程。否则，新计划不太可能满足学生的个别需要。

⑥没有一种组织形式可以代替称职的教师。组织形式顶多起一种布置舞台的作用，使得教师在这种场合下能够尽情发挥他的能力。

总的来看，20世纪50年代末60年代初美国教育界思想观念的变化以及结构主义课程改革运动及教学组织形式的改革对美国教育产生了很大影响，促进了美国教育和科技的发展。1957年至1965年因此被称为美国战后的"教育十年"。美国人把1969年阿波罗宇航员登月的成功，看成是他们的科技又超过苏联走到了世界前列的标志，并认为这也说明了十年教育改革的成效。

但是，课程改革运动并未取得所设想的那么大的效果，主要因为新教材是大学学科专家写的，他们虽然重视教材中科学知识的深度，但因为没有结合中小学教改实际，所以很难为广大师生所接受。而且教师培训不够，许多教师继续沿用老教材和教法。因此，总的来说，这场课程改革在直接的意义上是失败了。

尽管如此，由此带来的教育哲学观念的变化、教育组织形式和方法手段的变革，却仍然是一种很大的进步，促进了教育的发展。布鲁纳结构主义课程论、科南特的综合中学等对世界各国的教育改革产生了广泛和深远的影响。到20世纪60年代中期以后，民权运动浪潮在教育界形成了新的改革热点，反种族隔离教育受到人们的普遍关注。

第二节　基础教育改革：
机会均等的理论与实践

一、公立学校：大熔炉还是其他？

在教育制度充满火药味的20世纪六七十年代，不仅美国黑人提出均等教育的要求，而且其他少数民族也受到鼓舞，向权力结构要求公正。少数民族逐渐把他们自己的身份与原国籍或社会相等同。

美国公立学校系统从两个方面来回应这些要求：一方面，教育工作者接受联邦资金，实施幼儿"发端"计划（Head Start）和学校不分年级的实验等，同时，他们也接受联邦的指导和控制。另一方面，分权的做法得到鼓励，日益允许更多的社区控制，并为地方社会团体日益增进的责任制大开方便之门。这种种努力得到广泛的支持和宣传。但这些努力的背后，存在不同的基本依据和理论假设：

1.大熔炉理论

美国学校的一个基本假设是,这个社会的每一个新来者都希望适应"主流文化",即使他并不希望最终被完全同化。从19世纪初马萨诸塞州开始的公立学校,一直认为自己的宗旨是减少文化和宗教的差异。学校教育过程中,一直在力图说服青年人,所有的群体都拥有一种共同的语言、共同的政治和经济制度以及共同的价值标准。

尊重个别差异的说法只有心理上而没有文化上的意义。谈到文化,重点总是非主流文化的"文化缺陷""文化消极面"等,非主流文化的积极面尚未得到认识。

在19世纪,移民和新的少数民族群体的问题被认为主要是经济问题。人口的增加是好事吗?移民的到来会不会降低生活水准?移民对工业化、企业和劳动力市场具有怎样的影响等等。欧洲人和美国人都认为,文化适应是一个简单的过程。生活在一个新环境中,就会改变移民原来的特征,被新国家的文化模式所同化。

到20世纪,专家们扩展了这个概念。移民及文化适应问题,现在被认为包括种族、社会、家族和心理等因素。新环境对人的内心生活的影响问题引起了学者们的好奇心。有些学者认为,通过儿童时代家庭社会化和学习过程,儿童已经同化了他原来的文化。文化的印记不可能轻易地抹去。家庭和文化遗产以及大的社会背景对个人的性格、文化及人格产生深刻的影响,这种影响不会因为居住地的变化而改变。

2.不平等的"同化"

文化适应包括许多含义:某种人际密切接触的结果;文化给予和接受的结果;客文化消化吸收主流文化特性的过程;个人自身文化模式形成的过程等。在"文化适应"一词中包含主客文化之间地位相对平等的含义。但"同化"一词的意思则完全不同。它的意思是被征服的文化的某些要素转型为占统治地位的文化的过程。占统治地位的文化往往从外部强加某些东西,被征服的文化没有选择的自由。

虽然过于简化,同化和适应的这种显著区别仍然存在。同化指的是主流文化和从属群体之间的关系。美国学校系统"大熔炉"的基础理念,正是这样一种同化概念,使得整个系统充斥着不平等。面对日益严重的动乱、辍学率、美国少数民族群体争取权力的斗争,美国许多有识之士认为,很难有理由继续坚持同化的哲学。能否让其他文化在社会中继续存在,美国的教育机构能否发现、培植和促进多元文化?这些问题成为关注的焦点。

3.文化多元主义

文化多元主义有多种内涵。诸如:某一社会中所有文化之间相互理解和尊重;社会政治经济机构不同文化的合作;不同生活方式的和平共处——民俗、语言类型、宗教信仰;每种亚文化决定其自身命运的自主权等。

多元主义意味着少数民族群体被接纳为整个国家中独特而又分离的部分。美国是否足够团结来冒这种风险?许多人表示了审慎的怀疑。从心理学上来看,多元主义要求接受这样一种观点,即个别差异部分体现为文化差异。文化是形成个人自我统一性的基础,摧毁它就要不可容忍地伤及个人的本质。与其压制、消除异己以达到单一的群体形象,教育家们不如首先甄别文化中不同的要素。其次,保持每种外来文化有关个人成长过程中的身份、自尊及人格特征的要素。只有这样,同化外来群体的问题才能得以消除,美国的文化才能日益更新和丰富。

新墨西哥州的美国印第安人艺术学院从事的正是这种工作。在这所学校中,来自不同印第安部落的男女学生(被白人文化灌输了羞耻和被排斥的意识)学习印第安文化艺术,作为形成自我身份和自豪感的手段,以及建设通往成人世界桥梁的方式。

文化多元主义的概念在美国并非到20世纪60年代才出现。20世纪初,著名实用主义哲学家贺拉斯·卡伦就曾积极主张,每个民族都应该保留自己的方言和口语、自己的感情和生活方式。早在1915年,他就预见到多民族文化会使得美国充满活力,希望政府和社会允许每个移民群体保留自己个人行为的、审美的和智力的形式。

共同的学校教育经验是公民意识、美国价值观和民主主义形成的关键。大熔炉的理念俘虏了许多人天真的感情。学校总是反映美国社会占主流地位的价值观——白人中产阶级的价值观——获得成功、向上向外流动和赚钱。教育机构秉持含糊的"同化"哲学,使得少数民族不能觉察到他们自己价值的消失。但是,风起云涌的民权运动使得这种隐藏的哲学无处遁形。人们发现,权力是决定性的因素,什么价值得到推行,什么价值就占上风。但是,学校同化的实质可能还有部分没有改变,因为黑人也需要中产阶级的利益——成功、流动、金钱。

4.亚裔美国人研究

直到20世纪五六十年代,美国学校的外国研究模式才十分清楚。在一门被不适当地称之为"世界历史"的课程中,学生们学习到,人类文明最重大的进步首先出现在欧洲,然后在美国。世界的其他地方在这种版本的世界历史中仅仅处于边缘的位置,这些地区的历史往往从欧洲人发现他们开始。提到中国通常限于三到四个时期:文明的摇篮时期;马可波罗时期的中国;欧洲人控制下的中国;新崛起的中国。日本的历史则始自科莫多尔·佩里打开日本的门户。

种族研究课程会传授有关亚裔美国人基本历史事实的知识。三个最大的亚洲裔美国人群体是中国人、日本人、菲律宾人,这些人在19世纪末20世纪初来到美国。被19世纪50年代的淘金热所吸引,中国人首先来到美国。以后,另外一些中国人被当作廉价劳动力进口到美国,帮助修建横跨美洲大陆的铁路。逐渐地,对中国人的公开歧视不断增加,直到1882年通过排华法案。这一法案规定,在10年内,禁止中国劳工移民到美国。这一法案在1892年获准延期。中国人的移民问题在1902年被无限期地搁置。这一法案还剥夺了在美国以外出生的中国人的公民身份(这一法案以后适用于其他东方人)。

几乎所有的日本移民发生在1900年到1925年。尽管大多数日本人采取欧洲人的移民方式(全家定居在美国人的社区内),他们也像中国人一样受到歧视。而中国人主要是单身男性移民,居住在隔离的社区内。1908年,美国和日本政府达成"君子协定",限制日本农民和劳工向美国移民。

菲律宾人于20世纪20年代来到美国。像其他东方国家人一样,他们难以自然归化。然而,由于美国统治菲律宾,早期菲律宾移民持美国护照,因此得以免受排外之苦。1935 年,由于许诺要给菲律宾人以自由,美国政府确定了每年 50 名菲律宾移民的限额。

第二次世界大战以后,亚洲移民被允许给予公民权。1965 年,国家来源配额标准取消。到那时为止,来自东半球地区的移民限于 120 000 人。每个国家的移民不超过 20 000 人。

1973 年到 1975 年间,约 50 000 名越南和柬埔寨学龄儿童来到美国,印度支那难民教育问题摆到了议事日程上。由于战争的经历,这些儿童的大多数人既需要双语教育,也需要身体上和心理上的帮助。由于受原来国家文化的熏陶,这些学生大都学得很被动,但学习起来很勤奋,对长者充满尊敬。他们对课堂上的竞争气氛、以体育为目标的学生文化、师生间的伙伴关系都不太适应。

由于学校尝试向学生讲授东方文化、扩大学生视野,美国学生对亚裔学生的态度也发生了变化。国家政策改变了,普通美国人对东方人或亚洲人的感情也变了。例如,对亚洲中国人的感情与对美籍中国人的感情是紧密联系在一起的。由于大多数美国人感到比地球上其他文化要优越,他们也感到比这些文化在美国的代表要优越。但这种偏见里有一种新的成分——对某些美籍东方人来说,是另一种说法,"例如,老师们可能会相信,中国学生有更高的智力,工作起来更勤奋。结果,对他们的期望值也更高,这种嘉许增加了学生的压力"。

尽管种族课程不断增加,大多数美国人对少数民族仍然充满对抗情绪和无知。少数民族学生要成功地从他们的社区得到解放,仅仅靠课程是不能解决的。他们必须学会社会变革策略,并付之于社会行动。

5.黑人研究和黑人权力意识的觉醒

在黑人占多数的社区的中小学内,许多学校卓有成效地培养黑人学生的自豪感。某些学校把黑人的自豪感作为日常学校科目的有机组成部分。黑人作家例如兰斯顿·休斯、詹姆斯,鲍德温等人的作品和查尔斯·狄更斯、简·奥斯丁及杰克·伦敦的作品相提并论。学校的板报、音乐、演剧都充满黑面孔。黑人学生对 19 世纪黑人知识分子如爱德华·布莱登、马丁·德兰尼逐渐熟悉起来。他们还学习革命思想家的著作、

20世纪初黑人音乐家的音乐等。

在此同时,黑人权力意识也逐渐形成,成为美国民权运动中至关重要的发展。黑人权力的一种含义是"要求黑人重新组织起来,自力更生,在平等的基础上实现各民族的和睦相处"①。这种观点反对种族隔离、反对屈服于白人的价值观念。在他们看来,黑人权力是对本民族自豪感的肯定,黑色被认为是一种美好的颜色,黑人音乐和传统食品成了他们独特性的象征,各大学普遍开展了有关黑人问题的研究等。

虽然美国黑人权力意识觉醒,黑人和土著美国人得到很多宣传,但说西班牙语的群体及亚裔美国人的历史在学校教科书中很少得到反映。大多数白人作家很难客观反映一些涉及美国经济扩张愿望和民主原则之间冲突的历史事实,诸如墨西哥战争、第二次世界大战开始时日裔美国人的遭遇、西班牙和美国之间的战争等。例如,一位学者在写到美国对四个有关国家的干涉时这样写道:古巴,美国支持古巴独立;中国,美国传教士把基督教传统和教育模式带到中国;菲律宾,美国帮助菲律宾发展其国家;墨西哥,美国鼓励墨西哥有秩序的政府的建立,但墨西哥人反倒抱怨美国干涉。

6.昨天的成功与今天的失败

少数民族一直是美国社会结构的重要组成部分。最初的移民完全接受学校中的同化政策。实际上,这一制度在很长时间内都有效。19世纪末20世纪初,成千上万的欧洲移民上同样的小学。第二代犹太人、意大利人、爱尔兰人移民不管是否坚持他们父母多种多样的传统,一般也接受传统的成功价值。他们中许多人都上了大学,并得到专业或商业职业。看起来,这一制度真是有效的。

但是,"新"少数民族显然越来越觉得不满意。种族偏见使得他们中许多人的未来蒙上了阴影。他们感到"适应"比"同化"容易些。能够提供安全感的种族语言和文化在不实施双语教学的学校系统中必然碰到困难。贫困、被动无助、某些种族群体的不时的退却,所有这些都使得同

---

① [美]J.布鲁姆等著,杨国标等译:《美国的历程》下册,商务印书馆,1995年版,第607页。

化变得不可能。结果,不平等变成了大的少数民族群体的学校的特点。为了达到平等,某些黑人社区以武力要求"反隔离",另外一些社区则要求与这个制度"分开"。波多黎各社区提出双语教学、更多有意义的职业教育及更有效的英语教学等多项政治要求。墨西哥美国人社区在美国西部和西南部也显示了他们的力量。这些少数民族群体究竟要求什么呢?

社会理论家露易斯·沃斯曾经构造了一种类型学,反映少数民族群体的不同理想和他们面临的压力。按照他的观点,少数民族可分成多元主义者、同化主义者、脱离主义者以及好战分子等多种类型。每类人都采用不同的策略。例如,说西班牙语的少数民族群体属于多元主义者,但部分人持同化主义观点;黑人属于同化主义者,但部分人是好战分子。

"正在兴起的少数民族群体日益觉醒其种族身份,其起始目标是寻求主流社会对其文化差异的宽容。此时,他们属于多元主义的少数民族群体。如果达到了足够的宽容和自主性,他们开始走向同化阶段,体现为希望被接纳和融入主流群体。如果这一愿望遭到挫折,则很可能产生:(1)脱离主义倾向;(2)向另一个文化和历史身份接近的州靠拢,希望被接纳。在走向这两种方向的过程中,他们可能转而寻求支配别人,或者为了达到目的而诉诸于武力。如果目的真的达到了,这一群体也就抛弃了其少数民族群体的显著特征。"

在脱离主义倾向的情况下,常常意味着助长了白人中产阶级"离开"城市学校的权利。许多中产阶级家庭把他们的孩子转到私立学校或郊区学校。另外一些人被有关"隔离增加敌意"的研究结论所征服,要求重新组合城市和郊区学校。某些老师也对把责任交给社区代表、打破科层化的系统结构充满希望。

二、机会均等与学校的作用

美国人对学校的作用看得很重,总认为学校能够解决他们的问题。因此,当20世纪60年代初整个国家向贫困和不平等宣战时,他们总想从学校找到解决办法。然而,学校并不能提供答案,20世纪60年代初期和中期人们的高期望值逐渐破灭,向贫困宣战的战斗也以失败告终。有些美国人认为,这部分原因是美国陷入了东南亚战争,从而消耗了大量的财力。但是,至少还有部分原因是许多美国人对贫穷和不平等的起因和解决办法持糊涂观念。

对美国20世纪60年代的失败,美国有一项研究认为:

第一,贫困是一种相对而非绝对的状态。如果有人比他的邻居钱少得多,那么他就会感到自己很穷。这与他们的绝对收入数字无关。因此,除非政府设法不让人们的年收入离平均值低太多,否则就不能消除贫困。问题是经济不平等而不是收入低的问题。

第二,20世纪60年代的改革犯有方向错误,把注意力放在了使成功或失败的机会均等,而不是缩小成功者和失败者之间的经济和社会距离。有证据表明,机会均等并不能保证结果的均等,因此对减少贫困作用不大。

第三,即使人们只关心导向经济成功的机会的均等,使学校更加均等也并没有多大帮助。学校的差别对他们毕业后的成功或失败影响不大。

这一研究表明,虽然学校改革对改善贫困儿童命运有重要作用,但学校并不能对成年人的平等产生重大影响。如果要实现经济均等,就应该改变社会的经济制度,而不是学校制度。

1.贫困和不平等

当美国向贫困开战时,认为在富裕社会中存在持续的贫困是一种自相矛盾的事情,认为贫困主要是“疏忽”造成的。官方的出版物总是把贫困看作一种绝对状态而不是相对状态。由于有这种观念,他们总能拿出贫困正在得到逐渐消除的证据。因为在官方贫困线以下的人数越来越少。

然而,尽管官方宣布取得了很大的进步,但根据一些人自己的标准和邻居的标准,许多美国人看起来仍然很穷。原因是大多数美国人把贫困看作是相对的而不是绝对的。例如,民意测验表明,当被问及美国家庭需要多少钱才能维持生活时,普遍回答的数字是美国家庭平均收入的大约一半。这种调查结果在几十年间非常一致,尽管居民收入在这些年间翻了一番。

在20世纪30年代大萧条时期,普通美国家庭每周开支约30美元,1/3的家庭的开支不到这个数字的一半,难怪富兰克林·罗斯福总统说这个国家近1/3的家庭"住得很糟,穿得很糟,吃得很糟"。到1964年,家庭平均开支为大约每周160美元。盖洛普民意测验发现,普通美国人认为一个四口之家每周至少需要80美元才能维持生活。即使除去通货膨胀,这一数字也是大萧条时期的两倍。约翰逊当政时期,贫困线被定义为一个四口之家每周开支60美元,但大多数人觉得这不够。1970年,通货膨胀使得家庭开支达到大约每周200美元,美国福利组织试图获得民众支持,要求最低保障收入每周100美元。

有关贫困定义的所有这些变化不仅是期望值增加的问题。大萧条时期每周靠15美元生活所需的商品和服务,到1964年靠每周40美元的真正收入都买不到了。饮食习惯也改变了,许多便宜食品从商店里消失了。住房条件也改变了。大萧条时期许多人没有钱修室内抽水马桶,到室外上路边厕所。到20世纪60年代,大多数地方宣布这种厕所为非法了。

这种例子表明,"生活开支"并非购买某些确定不变的商品和服务的开支,它是参与社会体系的开支,因此很大程度上取决于其他人习惯上花多少钱参与这一体系。如果谁远远低于这种标准,就会被排除在这一体系之外。相应地,如果参与美国主流社会生活所需开支增加得更快的话,怎样提高穷人的收入也并不能消除贫困。收入水平低于全国平均值的一半的人不可能买得起大家称之为"必需品"的东西。因此,消除贫困的唯一方式,是保障每个人的收入至少是平均值的一半。

以上论证表明,不仅应该把贫困看作一种相对的而非绝对的状态,而且要消除贫困,就必须消除或者至少是大大减少不平等。

2.学校教育和机会均等

美国20世纪60年代的几乎所有改革立法都没有直接触及成年人的

地位、权力和收入的不平等。大多数美国人接受了这样一种信念,即最有能力和最勤奋的人应该得到更多的回报。他们反对美国传统经济制度的方面不是不平等,而是决定谁成功谁失败的规则常常是不公平的。改革者们想要创造一个世界,在这个世界中成功不再与肤色、经济背景或其他不相关的因素联系在一起,而仅仅与实际的能力连在一起。简而言之,他们想要的是均等的机会。

为了实现机会均等,他们十分强调教育的作用。许多人设想,如果学校使学生的认知能力一致起来,他们成人后的谈判力量(Bargaining Power)也就会彼此一样。按这种设想,如果每个人都有同样的谈判力量,也就很少有人会贫穷了。

这种减少贫困的策略大致基于如下一系列的假设:

第一,减少贫困主要是帮助生于贫困的儿童摆脱贫困。一旦某个家庭摆脱了贫困,就再也不会陷入贫困。中产阶级的儿童很少陷于贫困。

第二,贫困儿童不能逃离贫困的主要原因是他们不能获得基本的认知技能,他们不会读、写、算或表达。由于缺乏这些技能,他们很难得到或者保持一份好工作。

第三,打破这种"恶性循环"的最好的机制是教育改革。由于生在贫困家庭的儿童不能从父母那里获得他们所需要的技能,他们必须在学校中接受这方面的教育。为此,他们必须和中产阶级儿童上同样的学校,在学校得到额外的补偿教育,给予他们家长在学校管理方面的发言权。

但是,另外一项为期四年的研究得出完全不同的结论:

第一,贫困主要不是通过继承产生的。虽然生在贫困家庭中的儿童比一般儿童有更大的可能到成年时贫困,仍然会有大量的代际经济地位流动发生。具有较高职业地位的父亲只有不到一半的人会把自己的优势传给他的儿子,具有较低职业地位的父亲也只有不到一半的人会把自己的劣势传给他的儿子。收入水平处于平均线以上的家庭更难保持他们的优势，通常只有不到1/3的儿子能保持父亲的优势。相反，收入水平处于平均线以下的家庭中，只有1/3的儿子还像父亲那样贫困。父亲经济地位对女儿经济地位的影响更小。这表明，许多阔气的父亲有着贫穷的孩子，反之亦然。

第二，某些人比其他人更富的主要原因不是他们有更高的认知技能。虽然读、写、算能力和表达能力俱佳的儿童更有可能比其他人领先一步，但是还有许多同样重要的因素。智商对经济成功的影响和家庭背景的影响几乎是一样的。例如，如果两个人的智商差17分并非微不足道。但是，随机抽样的个人收入差距三倍于这个数字（6 000美元），收入最高的1/5和收入最低的1/5的男性工人的收入差距高达14 000美元。高智商人群中的经济不平等和一般人中的经济不平等几乎一样大。

第三，还没有足够的证据能够说明，学校改革能够根本减小认知能力的差异程度。消除小学的办学条件差异仅能缩小六年级学生智商测验成绩差异的3％。消除中学的办学条件差异对十二年级学生的成绩范围几乎没有影响。

根据这一研究的证据，最乐观的估计，反种族隔离提高黑人小学学生的测验成绩在几分的幅度内。但大多数黑人学生和白人学生之间的成绩差距仍然存在，即使他们在同样的学校上学。分轨教学对测验成绩也几乎没有什么影响。无论是提高学校的资源条件还是执行均等的政策，对学生的认知成绩都没有显著的影响。因此，即使把更多的资源分配到学生认知能力很差的学校，看起来也不可能显著地改善这些学生的未来命运。

以上证据并不能说明为什么学校的均等对测验成绩影响这么小。可能有三种解释：第一，儿童受家庭的影响比受学校的影响更大；他们也可能更多受到街头发生的事情的影响和电视的影响。第二，学校管理部门没有对学校生活中真正影响儿童的方面加以控制。重新分配资源、重新调配学生以及重新编写课程大纲都很少能改变师生之间每日每时的关系。第三,即使学校对学生产生了不寻常的影响,这种影响也不大可能持续到成年时期。例如,要使成人的收入发生显著的改变,小学测验成绩需要更大得多的转变。

三、20 世纪六七十年代适应学校反种族隔离出现的新的中等教育机构类型

在 20 世纪六七十年代,美国社会发生剧烈的变化,许多人对传统学校的因循守旧十分不满,认为这些学校不可能发生根本的变革,因此一些社区和人士尝试建立新型的学校。

1.自由学校

这是 1960 年后兴起的一种学校。许多是利用教堂、仓库或私人住宅进行教学。支持者以中产阶级的白人为主。这类学校汲取进步主义和皮亚杰的教育主张,不会勉强学生去学习学术性的基本技能。倡议者为吉纳坦·科祖尔。到 1972 年,约有 500 多所。

2.替代性学校

试图代替公立教育的另一种新型学校,有时与自由学校被视为同一类。但自由学校以私立性质居多。替代性学校与传统学校比,课程更具弹性,规模较小,结构较为松散。其性质以公立居多。常用开放学校、无墙学校等名称。在大都市地区,则有所谓教育公园、磁石学校等。

3.无墙学校

仿照无墙学院而来,例如美国东北部佛蒙特州的哥达德学院。该学院在其他各地像波士顿、纽约、费城、洛杉矶都设有办公室。该学院的学生可以自定学习目标和计划,教师提供指导,最后根据其学习进度和作

业成绩来评价其学习。成立于 1970 年的麦特鲁中学,就是一所无墙学校,有 150 多位学生。

4.磁石学校

这也是一种设立在大城市的学校,因标榜具有特别吸引力而得名。每一所学校的课程都有其独特的主题,例如以音乐或以数理为其特色。这种学校的招生面向整个学区,不以邻里为限,有利于种族均衡。例如洛杉矶市统一学区制定的 PWI 与磁性学校计划就极为成功。根据 1985 年的统计,洛杉矶市有 85 所磁石学校。

第三节 高等教育发展:层次结构和大学内外部的变革

一、高等教育规模的迅速扩大

成立于 1636 年的北美殖民地的第一所大学哈佛学院,在其历史的前 64 年中,学生人数从来没有超过 20 人;直到 17 世纪末,哈佛学院一直是北美唯一的一所大学。在以后的年代中,情况则大不相同。1900 年,美国在校注册的大学生人数为 23.8 万人,1920 年为 59.8 万人,1940 年为 149.4 万人,1964 年为 530 万人,1976 年则达到 1 000 万人以上。美国花了大约三个世纪的时间使在校大学生的人数达到 150 万人,但仅花了 30 年的时间使这个数字达到了 710 万人。在哈佛的前 64 年中,校长负责所有课程的教学;1975 年,美国大学全时教师的人数达到 29 万人;据当时的美国教育署估计,1975 年,美国公立和非公立大学的公共开支达到 420 亿美元。

影响高等教育规模迅速扩大的因素主要有如下几点:美国人口的增

长,特别是二战后生育高峰(Baby Boom)时期的儿童在 20 世纪 60 年代达到上大学的年龄;中学毕业生进入大学人数的比例增加;工业和政府日益依赖大学从事研究和专门人才培养;人们越来越相信大学教育能够增加年轻人的生活机遇。换句话说,大学的大发展反映了美国人生活的变化。

1. 1944 年退伍军人权利法案(1944)直接导致美国大学生人数迅速增加在上述因素之外,1944 年退伍军人权利法案是高校学生人数随后迅速增加的直接因素,可以说是从精英高教向大众高教迈出的第一步。1944 年第二次世界大战即将结束时,美国为了安置大量复员军人,"不荒废一代人",通过了"军人再适应法"即"军人权利法",资助复员军人接受高等教育。该法规定,在军队服役 90 天以上的复员军人可以向联邦政府申请每学年不超过 500 美元的学费和每月 50 美元的生活补助,最多可以连续申请四年。1945 年,依据该法进入高校学习的复员军人就达 100 万,从而促进了高等教育的发展,并且也确实培养了大量国家所急需的人才。今天,美国老一辈教授、科学家和工程师中许多人都曾受惠于这个法案。

鉴于这一成功经验,1952 年美国又通过了《朝鲜战争复员军人法》,继而在 1966 年又通过《复员军人再适应利益法》,这项法令规定对所有在部队服役 180 天以上的人给予教育资助。当时每年大约有 25 万军人获得联邦资助进入大学。后又经多次修订而适用于所有复员军人。

2.联邦资助的迅速增加及大学与联邦政府的关系

美国高等教育在 20 世纪 60 年代发展尤其迅速,拨款迅速大规模地增加。除上述原因外,与苏联发射人造卫星及冷战的需要直接相关。为此,联邦政府大规模拨款资助高等教育,想方设法使高等学校履行与国家利益密切相关的职责。除 1958 年国防教育法颁布以后对整个教育的大幅度拨款以外,专门对高等教育拨款的行动有:

1963 年,通过"高等教育设施建设法"。到 1965—1966 年,仅教育总署提供的高校建设拨款达 5.27 亿美元。

1965 年,通过"高等教育法",这是美国历史上第一部高等教育法。它建立了联邦学习贷款计划,向贫苦学生和天才学生提供助学金和奖学金,将联邦政府高等学校建设经费翻了一番。1968 年和 1972 年,又两次颁布高等教育法修正案,进一步增加资助。[①]

如果仔细考察美国的历史,我们会发现,不仅仅是苏联卫星的刺激,才导致大批的联邦拨款。事实上,从第二次世界大战开始,美国国会和老百姓对科学重要性的认识就大大增强。美国人在二战中取得胜利,很大程度上靠的是科学和工程技术的一系列重大而及时的进步。而二战中科学技术的发展,很大一部分工作是在高校中进行的。

1940 年,罗斯福总统任命原为麻省理工学院副校长兼工学院院长的芬尼佛·布什为美国研究与发展局局长,大力发展科学研究,特别是资助大学的科学研究工作。当时的国防委员会创立人之一、原哈佛大学校长科南特指出:"1940 年大学和联邦在科学研究上建立的关系使得战后的科学界与战前完全不同,联邦政府资助大学,与之建立合同进行科研,这在本质上是一次革命。"

1945 年战争刚结束,布什向美国总统提交了一份题为《科学:无止境的疆界》的重要报告,报告指出,为了国家利益,应该把科学放在中心地位,联邦政府应该负责促进科学知识的创造和科学人才的培养。根据布什的建议,美国于 1950 年成立了国家科学基金会,这对推进大学科研工作发挥了很大的影响。

此外,从美国国内来看,美国政府和大众也认识到,除了军事目标之外,国家经济的发展、人民身体健康水平的提高,也极大地依赖科学的进步和占领科学前沿。战后,美国出现了许多以研究为基础的工业部门,

---

① 王英杰:《美国高等教育的发展与改革》,人民教育出版社,1993 年版,第 42 页。

一些高新科学技术被应用到新产品的开发中,信息处理和自动化的研究、生命科学和保健科学取得了巨大的进展,并迅速普及到工业和商业,系统工程也变得日益成熟等等。

当然,美国联邦政府对大学的资助也不是一帆风顺的。比如在1968年和1969年,由于越来越深地卷入越南战争要耗费大量军费开支,美国联邦政府对研究的支持大幅度削减。这种削减减缓了科学和工程的前进势头,给美国科学家和工程师教育造成严重的损害。

在大学看来,就政府和大学关系而言,资助的增加并不总被看作好事,资助减少也并不总被看作坏事。资助增加意味着政府部门对大学科研方向、进程的更进一步的控制和影响,因此大学总是努力寻求更多的"非限制性研究资金",来资助基础研究和种子研究,以平衡联邦政府投资的影响。资助减少有时可以迫使大学作出必要的删减,腾出人力来从事某些更加符合科学发展内在逻辑的研究。这反映了在无法回避的重大相互联系和个性需要之间存在着矛盾。

不过,美国大学对与联邦政府联系的增加总的态度是积极的。联邦资助科研经费占到研究型大学科研经费的90%以上,开创了所谓联邦大学时代,一大批研究型大学崛起成长为世界一流大学。另一方面,从教育的观点看,"教师和学生参与机会的增加具有最广泛的自由教育和科学教育的意义;这样的教育坚持关注人的生存状态,密切联系专业实际,具有目的性"。[①]

二、研究生教育的发展

从第二次世界大战结束到20世纪70年代末,是美国大学研究生教育发展的全盛时期。研究生入学人数的增加远远超过本科生入学人数

---

① 美国麻省理工学院校长报告(下册),清华大学教育研究所编译,第168页。

的增加。据统计,从1960年到1970年,研究生入学人数是本科生入学人数增长速度的1.7倍。① 1975年在校研究生达到126万人,比1950年增加了四倍以上。在主要研究型大学,研究生人数占全校学生的30%~50%。前哈佛大学校长卜西认为:"这段时期美国高等教育的盛名更多是由于研究生教育(包括博士后)、科研和研究训练而非本科生方面的进步所造成的""美国研究生院的伟大时代终于到来了,美国在20世纪60年代培养出的受过高等教育训练的学者多于20世纪前60年培养的总和。研究生院终于超过本科学院成为美国高等教育的主要机构"。

二战一结束,美国就成立了人力资源和高级训练委员会。1954年,该委员会发表题为《美国的专业人才资源》的报告,呼吁大力发展研究生教育。报告指出:"新武器的发明、人民健康水平的提高、生产力的提高和增加财富所需新手段的研制,取决于脑力劳动者而非体力劳动者。"1956年总统中等后教育委员会成立,该委员会在1958年苏联卫星发射前发表报告,强调美国急需合格的大学教师,要求大学尽快扩大和加强研究生院。1958年的国防教育法规定为研究生提供贷款和奖学金。到1965年,43%的研究生都获得一定数量的奖学金或助学金。

研究生教育的发展是与大学科研的发展同步的,这也可以说是美国的重要经验。据统计,从1940年到1953年,联邦科研经费从4000万美元上升到1.38亿美元,1979年又进而上升到34亿美元,联邦政府成为高等教育的最大资助者。② 特别是在研究型大学中,研究生教育和科研都取得了很大的发展。

以美国MIT为例,从1940年到1973年,本科生数翻了一番,而研究生人数则增长了5倍(见下表)。二战前MIT还没有博士后,1973年则有近500位博士后。

---

① 美国麻省理工学院校长报告(下册),清华大学教育研究所编译,第168页。
② 王英杰著:《美国高等教育的发展与改革》,人民教育出版社,1993年10月第1版,第200页。

1940 年到 1973 年 MIT 本科生、研究生在学人数的变化

学生类别	1940	1950	1960	1970	1973
本 科 生	2 379	3 856	3 580	4 074	4 183
研 究 生	721	1 602	2 690	3 950	3 667

下表是 MIT 所有运行费的数字(从 1940 年到 1973 年)。我们可以看到,在同期内,虽然所有来源的资金收入都显著增加了(部分原因是通货膨胀),但增长最多的还是联邦资助研究。比如,学杂费增长了约 13 倍,而资助研究则增长了 1 000 多倍。

1940 年到 1973 年 MIT 所有运行资金来源

(单位:百万美元)

资金来源	1940	1950	1960	1970	1973
学 杂 费	1.8	4.2	7.9	18.5	24.6
投 资	1.2	1.3	2.2	7.3	9.8
捐 款	0.1	2.1	6.1	9.1	8.4
食 宿 费	0.4	1.4	1.9	6.9	7.9
资助研究	0.2	12.0	65.4	169.9	218.1
合 计	3.7	21.1	83.5	216.3	269.6

研究生入学人数的大幅度增加,是和国防教育法大量设置学生贷款、奖学金和助学金分不开的。国防教育法规定,本科生每年最多可借 1 000 美元,在校期间累积不超过 5 000 美元;研究生和专业学院学生每年最多可借 2 500 美元,累积不超过 10 000 美元(包括本科阶段所借)。贷金偿还利率为 3%。学生贷金计划扩大了学生接受高等教育的机会。例如,1968 年,共有 429 000 位学生接受联邦政府直接贷金 1.817 亿元。[①]

---

① 王英杰:《美国高等教育的发展与改革》,人民教育出版社,1993 年版,第 44 页。

三、两年制社区学院的发展

美国第一所公立初级学院1902年成立于伊利诺伊州的乔利埃特。在20世纪六七十年代以前,这种机构的主要功能是为学生进入四年制学院和大学做准备。1947年,在总统高等教育委员会发表报告以后,那些主要为当地社区需要服务的机构开始被称为社区学院。在那段时间里,许多两年制学院把它们的名字从初级学院改成了社区学院。

两年制学院在目标、组织和教学计划方面差距很大。一些学院提供四年制学院前两年的课程,另外一些学院主要提供职业教育课程。有些学院仅仅录取当地学生,另外一些学院则提供宿舍,从全世界范围内录取学生。初级学院可以被看作高等教育机构,因为它们提供两年的高中后水平的教育。但是,社区学院主要是服务于特定社区的高等教育需要。大多数的社区学院受公众控制,是当地学校系统的一部分,而初级学院则可以是私立的或受教会控制的。初级学院和社区学院授予副学士学位。

1960年,总统国家目标委员会建议,两年制学院应设立在大多数高中毕业学生坐公共汽车能够到达的范围以内,它们应该加强成人教育、加强成人生活价值观的教育。到1975年,美国有大约897所公立社区学院、231所私立初级学院,共有学生3 970 119名。而据1983年的统计,在美国的3 000余所高等院校中,两年制的初级学院或社区学院占1/3,在校学生数占美国大学生总数的1/4。[①]

由于录取所有能够从中获益的学生入学、既提供学术性的又提供职业性的多方面的课程、费用低廉、为未能上大学的成人提供学习机会,社区学院作出了独特的贡献。

根据美国总统高等教育委员会的报告,两年制学院的主要功能有:

---

① 转引自马骥雄主编:《战后美国教育研究》,江西教育出版社,1991年版,第146页。

（1）提供两年即足够的职业的训练；（2）为那些准备再受两年正规教育的学生提供普通教育课程；（3）成人教育；（4）为准备上四年制学院的学生提供的预备教育。

四、大学内部

美国的 3 000 所学院和大学都是独立发展起来的。每所大学都是相对自由形成自己的办学模式。与其他国家的教育部相比，美国联邦教育署对高等教育较少权威。

由于有关大学和学院的组织与管理的研究较少，所以有关美国大学内部运行情况的知识也很缺乏。曾经有人写道："发生在商业、工业和政府的管理革命在学术界迟迟没有开始。我极力主张，该是我们花更多的时间和精力来研究大学的结构和功能问题的时候了；我们必须建立一种更有效率、更有效果的高等教育体系，以更好地适应其自身需要和社会需要。"虽然很难概括美国大学的内部组织情况，但大多数大学的某些共同状况还是可以看出来的：

1.大学行政的专业化与民主化

一般而言，美国的高等学校受董事会的控制和监督。这些董事会通常把大多数权力交给主要行政长官——校长。校长转而把大多数权力交给副校长、院长、系主任、部门主管及其他行政官员。

随着大学规模的扩大，大学的专业化程度也越来越高。随着专业化程度的增高，校长及其主要行政官员的监控也就越来越难。正如一位作者机智地写道，"我真佩服那些勇敢而毫无畏惧的院长和校长们，他们镇静地处理来自一个专业的预算申请，而这个专业的名字他既不会拼写也不会发音"。

在大学管理专业化程度提高的同时，普通教师和学生参与学校管理也越来越多。由来自各学院和系的代表组成各种组织，向校长和董事会提出有关主要目标和政策以及资源分配的建议，例如教授会、预算委员会、教师教育委员会、教学委员会等。同样，系和学院一级也常常成立类似的组织,以保证教师参与决策以及决策的科学合理。在 20 世纪 60 年代,学生也逐渐通过制度化的渠道得到参与的权利,例如,不少院校的董事会在学生的压力下,也开始吸收学生代表。

2.系与跨学科研究中心:作用与限度

在 19 世纪大部分时间里,美国大学采用德国的讲座制。随着教师人数的增加以及学科分化的速度加快,美国人发现讲座制不能很好地适应需要。从管理的角度讲,董事会董事和行政管理人员为了加强对日益发展的学院和新兴大学的控制,需要新的组织层次。加上美国教授和教师觉得讲座制作风不够民主,于是,在 1890 年,美国大学出现了系的组织。

系是美国大学教学和科研活动的基本组织单位,在系内教授和其他教学人员对涉及本系教师的聘用、课程设置、颁发学位、开展学术活动等重大事宜都有发言权。

著名比较高等教育研究专家伯顿·R.克拉克将学系制和讲座制进行了比较。在他看来,其差别至少有如下几条:(1)讲座组织是个人统治的一个持久根源,而学系是一种个人作用小得多的组织形式;(2)与学系相比,讲座日益不能适应学科分化和增加的需要;(3)讲座制度纠错能力很弱,尤其在聘用讲座人选方面,如果用人不当,其影响会很长远。[①]

但是,我们也决不能因此就认为学系的体制完美无缺。事实上,第二次世界大战以后,一些大学建立起大批新的研究中心,以适应大学科研的迅速发展、学科综合化以及人才培养宽广知识面的需要。麻省理工学院 1953—1954 年基利安校长报告指出,"我们的学系在独立性和创造性上仍会很强,同时它们正对跨学科活动和新的专业模式作出反应。工业、教育中许多前沿领域正在突破传统的学系界限,学系的传统专业模式正变得越来越模糊"。

首先,如 1957—1958 年 MIT 校长报告中所讲的,"目前在课程领域

---

① 克拉克著,王承绪等译:《高等教育系统》,杭州大学出版社,1994 年版,第 52—53 页。

的最紧迫的任务就是建立工程科学方面的跨系科目……现在已很清楚，工程科学的真正发展，只有学科从系的框框里独立出来才有可能"。

其次，从科研方面来看，由于跨系研究中心的出现，许多新学科大胆跨越了传统的边界，几个系的教授能够有效地在一起工作。MIT 在二战时建立的辐射实验室（后来的电子学研究实验室）是一个先驱和典范。辐射实验室集中了物理学、电气工程学甚至生物学、化学等领域的专家教授。在这以后，MIT 的核科学实验室、材料科学研究中心、通信科学中心、地球科学中心、国际研究中心等都先后建立。如 1958—1959 年 MIT 校长报告中所说，"从这些研究中心我们开始看到现代大学的未来组织形式"。

当然，无论多么新的组织结构，都不能逃脱领域重叠的问题，以及知识是一种连续统一体的事实。其结果是大学和工业、国防部一样陷入一种组织困境。因此，必须保存一些永久性的组织结构形式，以保持日常运作的稳定性与连续性。院系体制可以履行这一职责。但是这种体制必须被新的形式所补充，以避免传统学科武断的边界。跨系的研究中心正是服务于这一目的。这种组织形式可以增加合作的机会，但它们并不取代旧有的结构，结果是许多教授具有双重身份，既在某一个系承担教学工作，又在实验中心承担研究责任。

但是一般来看，也不会产生权力冲突。这种中心实验室不设研究主任。实验室管理就像车间、图书馆等服务设施的管理一样，为教授们服务。教授们自行组织各种研究，中心没有集中统一的计划。在 1961—1962 年斯特拉顿校长的报告中指出："我们成立跨学科中心的总体设想是，这些中心是许多单个项目的联合。而每一个项目又都是由几个教授、研究生以及博士后研究人员紧密合作共同承担。根据学院的传统，这些项目享有高度自主权，可以决定自己的研究进程，在很大程度上自行处理自己的事务。中心是一个协调单位，它的主要功能是传递信息，并提供单个项目所无法承担的重要研究设备。"

当然，跨学科研究中心也带来一些发人深思的问题。本来，大学是从自治联盟这个概念发展而来,联合一些独立的学者进行学生培养。但是,与热力学定律正好相反,人类社会系统的发展使组织不断扩大,其结果会不会束缚每一个人,从而严重地削弱个人思想和行为的自由?而后者恰恰是大学的精髓。如果不加强管理约束,能不能达到项目、报告和期限的要求呢?这种研究中心会不会不可避免地开发更加具有社会效益的项目,而具有了某些大工业研究组织的特征呢?最后,它对学科结构和正式教学责任产生什么样的长期影响呢?会不会导致过分侧重科研而影响教学特别是本科生的教学呢?等等。这些问题在20世纪60年代美国高校内部组织变革之始就提出来了,但时至今日仍未解决,仍在实践摸索之中。

3.教师的教学、科研和社会服务

有许多关于学院和大学教授的神话。其中有一个说法是,校园中相对比较安定、循规蹈矩,与其他职业严酷的竞争环境相比能够提供较多的安全感。还有一些说法是:(1)教授们住在象牙塔中,与抽象事物打交道,与芸芸众生关系不大。(2)他们对专业以外的事情了解很少,兴趣不大。(3)他们对学生也没有兴趣。有些人表达了对教授的一种不信任的看法,认为教授扰乱社会秩序,对社会的哪些方面需要改革总是指手画脚。无论这些观点的正确性如何,各行各业的成功人士总是对大学教授心存感激,认为他们能够帮助人树立自信心、尊重知识成就、培养终身学习的习惯和技能。

在大学的教学科研职能之间,经常发生一些矛盾。这种矛盾现象,如著名比较教育专家伯顿·R.克拉克所说,在大学中,再也没有比这种矛盾更引人注目的了。

根据哈佛大学前校长德里克·博克的说法,美国大学教授们一般认为研究比教学更有价值。其理由主要有如下几条:研究成果是学者才能的体现,教学与研究相比,仅仅是重复已知的事实;教学不能马上得到同行们的评价,而研究成果一经发表就像学术成就的硬通货一样,可以被同行们衡量和评价。因此,研究工作是学术地位的主要决定因素。[①]

教学与研究工作怎样平衡?哪个职能排在前面?按博克的说法,在美国,不是靠行政命令来决定,而是通过以下三个机制来调节:奖励与荣誉称号;公众舆论与学校排名;授予个人地位和建立学术等级制度等。此外,研究教学孰轻孰重在不同的专业以及不同经历的教师中有不同的表现。例如,由于政府科研拨款方向,医学院教师比法学院教师投入更多精力在科研上;有职业实践经验的教师更加重视教学,博士毕业的教师更加重视科研等。

无论如何,通过 20 世纪六七十年代的大发展,美国大学的教学、科研、社会服务职能原来的平衡被打破,象牙塔型的教授偶尔还能见到,但滋生的土壤几乎是绝迹了。大学教师要进行繁重的教学任务,但联邦科研课题、横向合作课题在大学教师的学术生涯中占据更重要的地位。学者的命运和国家的安全、冷战的竞争联系起来了。科学技术和社会联系的日益密切,高等教育和科学技术的社会和经济功能也驱使学者日益面向市场、面向企业,开展技术培训、技术转让等性质的直接的社会服务活动。

"行动的知识分子"成为一种更普遍的类型。这种人使大学充满活力、与生活密切联系、在文化中具有重要意义。他们对广泛的社会问题有深入的了解,经常与其他教师一起讨论大学的使命和表现,努力以各种方式把学生引入学习过程。

除了在大学学术生活中扮演积极角色以外,许多大学教授还积极参加社区、州和全国的活动。他们在教育署、城市议会、教堂组织、俱乐部组织等处任职。他们为政府、企业进行重要的研究工作、为立法会提供信息保证、进行调研、为公立学校提供咨询、参加政治活动,有时还被选为政府公职人员。

---

① [美]德里克·博克著,乔佳义编译:《美国高等教育》,北京师范学院出版社,1991 年版,第 62 页。

4.高等教育的新目标与新科目

众所周知,殖民地时期学院的主要目的是为宗教服务,培养目标是牧师;这些学院受非教会人士组成的董事会控制。他们的教学计划很大程度上是照抄英国牛津和剑桥模式,因为他们的教师大部分都是从这两所大学毕业的。课程包括文学艺术、哲学及古典语言。学生们的姓名根据父母社会地位的顺序排列。

到19世纪,大学继续实行普通教育,但增加了一些新科目,例如生物学、物理学、地理学、历史学、测量学和航海学等。殖民地学院的专业培养目标扩大到律师、医生、教师和工程师等。

20世纪开始以后,大学通识教育课程增加了更多的新科目。许多新的专业学院,如新闻学、社会工作、企业管理、地质学等纷纷建立。

20世纪到了六七十年代,一方面,适应高等教育大众化以及社会经济发展的需要,大学课程门类进一步朝实用、职业化和多样化方向发展。另一方面,在一些研究型大学,对科学研究的重视导致自然科学基础课程和学时的增加。例如,在麻省理工学院等理工科大学,掀起了"工程科学运动",始自二战的重视基础研究的传统渗透到教育中,使得大学数学物理学科的教学得到大大的加强。在哈佛,始自1945年的普通教育报告,通识教育得到加强。在芝加哥,永恒主义教育哲学著名代表人物、该校前任校长赫钦斯提出建立"经典巨著"课程。

5.课程教学

在大多数大学中,课程是历史积淀而非周密计划的结果。当大学扩张时,新课程不断增加,但旧课程很少抛弃。美国系一级教学组织的相对自由权导致许多课程的重复设置。两个甚至更多的系经常会开同一门课程。刻板的系级结构使得开发跨系的共同课程十分困难。例如,从20世纪六七十年代以来,教师培训逐渐成为大学一级的责任。虽然为此目的成立一个组织从理论上看是容易的,但要实施起来就碰到困难了。其中常见的困难之一是准备到中小学任教的学生必须学习"新数学""新科学"。他们在大学学习的课程很少涉及新课程的内容与方法。许多大学的课程甚至还是教授们上学时学的课程。一旦教授们根据他们老师的课程开发出自己的课程,他们总是不愿意再改变它。学生们总是希望教授们告诉他们最新的与现实有关的知识。据学生们讲,学生动乱的一个原因是,教授们所教的课程与美国当前的现实问题毫不相干。

但是,也并非说大学教学一点都没有改变,实际上,许多大学还是进行了一系列改革,采用新方法、新媒体、采用自修计划等。例如,利用视听技术进行教学、程序教学、个别化教学(例如影响较大的凯勒计划)、计算机辅助教学和管理教学、学生独立学习等。此外,20世纪50年代末60年代初许多大学参与为中学开发新数学、新科学课程,也是大学教授们的重大革新努力。

五、大学的外部管理和影响因素

随着大学入学人数的增加、新教育机构的建立以及大学功能的增加,迫切需要对各种高等教育计划进行协调。如果一所大学内部各部门的工作尚难以协调的话,一州或一地区的各大学活动的协调就更难了。因此,州、地区和国家一级高等教育计划协调的作用也就不难理解了。为了与其他大学的活动相调和,获得更大的实力,每所大学就得牺牲一部分自主权。但是,在美国,协调的原则还没有被广泛地接受。

1.州一级高等教育协调机构

州政府对高等教育特别是州立大学的教学、财政等具有直接的管理权限。管理形式一般是州高等教育委员会。诸如高校的建立、发放许可证、拨款、董事会成员任命、制定课程标准和师资资格的法律规章等,都是州高等教育委员会的权力。

州一级对高等教育发挥协调作用的一个典型的例子是1959年加利福尼亚高等教育总体计划(1959)。该计划1959年制订,1960年成为加州的法令。该法令将加州高等院校分为三级:最高一级为加州大学系统,称为"主要学术研究机构",有权授予博士学位和进行专业教育;中间一级为加州州立学院和大学系统,主要进行本科生和硕士教育;第三级为社区学院,开展终结性的职业教育、转学教育或补习教育。加州中学毕业生约 12.5%优秀者可升入第一级、33%良好者可升入第二级、其余学生都可以进入第三级。这一计划的成功实施,对美国其他州的公立高等教育体制产生了重大影响。

1965 年,有 9 个州建立了管理所有公立高等教育事务的单独机构。12 个州对各高校具有有限权力。而各高校一般设立董事会。根据 20 世纪 70 年代末的统计,在全国 2 200 个董事会中,有 1 200 个服务于私立院校(二年制和四年制学院),750 个服务于四年制的公立大学。州级高等教育委员会通常把高等教育拨款再划拨到每个院校,对每个院校的课程施加某些控制,对招生、学位授予标准、答辩程序等发布条例,对州内未来高等教育的需求进行研究等(最完善的高等教育管理机构是加利福尼亚州高等教育协调委员会)。

2.地理区域一级高等教育协调机构

在美国,高等教育评估机构有数十年的历史。北中部中学和大学联盟、南部中学和大学联盟及其他类似六个地区的组织,发表评估标准、定期委派评估组到中学和大学进行评估检查。

从 20 世纪四五十年代开始,每个地区都开始了一些形式的联合活动。这些活动包括:学生交换学校、教师联合聘任、图书和视听资源共享以及继续教育计划的协调等。地区性合作组织,例如南部地区教育联合会、西部地区跨州范围高等教育委员会、新英格兰地区高等教育委员会等也纷纷出现。入学人数的剧增、高等教育成本的持续上涨,所有这些都需要某种形式的合作,以避免学校的重复设置、课程的重复设置以及其他缺乏协调现象。

3.国家一级高等教育管理与影响机构

许多年来,美国教育事业一直是由联邦卫生、教育、福利部属下的教育总署指导。1979 年,教育总署升格为正式内阁级的教育部,表明美国教育全国协调发展和互通声气的需要,也表明经过 20 世纪六七十年代的发展,分权制的美国高等教育管理体制逐渐产生了统一标准、加强联系、适当发挥联邦一级的作用的需要。

教育部的主要功能是管理和分配联邦一级的教育投资(不包括其他联邦机构的合同研究资助经费,如国防部、卫生部、国家科学基金会等),推动全国的教育科研,收集和分发教育情报资料。联邦教育部对各大学没有直接的管辖权和隶属关系,而是通过立法和拨款加以间接控制。

国家一级自愿性非官方的组织为各种专业学院设置标准。例如,美国医学联合会、美国图书馆联合会、全国师范教育和专业标准委员会、美国学校管理联合会等。这些组织可以通过制订大学本科和研究生课程标准,确定对成员院校或课程评价的程序和方法,通过初步评价及以后的定期检查,对达到标准的院校和课程给予公开的承认,从而保证起码的质量,有效防止水平不够的教学和科研计划出现。

其他为大学教授提供服务的全国性组织包括:美国大学教授协会、美国教育学会、美国化学学会、美国学者协会、美国科学促进会等。联邦政府内也有十几个机构能够对高等教育施加影响,许多大学从这些机构得到大批的研究资金。

第五章 20世纪80年代的美国教育改革

第一节 改革的背景

在20世纪六七十年代,美国的教育改革曾经搞得轰轰烈烈,在"新边疆""富裕社会"的旗帜下,在民权运动的推动下,政府投巨资于教育,试图改变美国教育特别是中小学教育低水准的状况。无论是结构主义新课程运动,还是20世纪70年代的回归基础运动,目标都是提高中小学教育质量。这些教育改革模式的一个重要特点是,制定统一的教育政策,通过州、联邦和法律贯彻到所有学区。诸如反种族隔离教育、特殊教育、补偿教育、双语教育等,最后都形成全国性的教育改革运动。

到20世纪80年代初,人们对这些强制性的改革进行抵触,不喜欢这种来自外部或上级权威而不是社区压力下的教育改革。地方控制,而不是受到来自遥远的联邦政府的控制,成了许多人的愿望。里根政府的不干涉政策,反映了这种社会心态。

另一方面,集中的改革都未达到预期目标,情况反而每况愈下,在这种情况下,美国教育质量委员会的报告《国家处于危险中:教育改革势在必行》,以及其他一系列报告的出台,可以说标志着社会对教育的不满意和危机感达到了顶点。

以下我们先从美国的政治社会、经济科技的几个方面来看待这一新改革运动的背景。

一、政治和社会背景因素

1.政治上的保守主义思潮及社会价值观念的多元化

20世纪60年代的"新边疆""伟大社会",都是美国自由党、民主党人的施政纲领,这些纲领的实施在一定程度上对美国的贫困问题、种族问题有所改善。但是,越南战争的失败以及 20 世纪 70 年代的石油危机带来的经济衰退,使得美国的霸主地位有所削弱,老百姓对政府的信心大大降低,传统的自由主义思想遭到了巨大的冲击。在经济上,民主党人曾致力于收入的重新分配,推行庞大的福利计划,增加政府开支,主张政府干预经济。

到 20 世纪 80 年代初,所有这些,都遭到共和党人保守主义的攻击。保守主义反对扩大政府权限,反对政府干预企业,主张取消妨碍企业自由发展的规章制度、紧缩政府开支、削减社会福利,并主张保持传统的价值标准,强调个人自由。

在 1980 年的美国大选中,作为保守派代表人物的里根以压倒优势取得胜利,入主白宫。同时共和党还赢得了参议院的控制权。这一结果反映了广大选民对自由主义施政方针的失败而导致美国衰落局面的忧虑。

1980 年 8 月 31 日美国《纽约时报》杂志曾载文称,美国向右摆的趋势有五种不同的原因和表现:

(1)经济增长速度缓慢、能源和消费品价格偏高、失业人数增加。

(2)自由派对社会公正的态度从天真趋向实际,不再认为民权运动、机会均等能够消除阶级冲突、促进经济发展。

(3)自由派对政府解决问题的能力不再抱幻想。保守派能够以效率不高为理由,反对某些政府计划。例如,事实证明,在教育上花更多的钱不一定能提高学生的成绩。

(4)越来越多的美国人对世风日下心怀忧虑。如道德信仰衰退和不良社会现象。

(5)由于阿富汗和伊朗危机,美国人又回到关心军事力量上来了。民主党政府被迫搁置了与苏联之间的核武器谈判。

由于保守党的胜利,里根政府主张反对国家干预,因此联邦政府也反对自身直接卷入教育事务,甚至一度计划撤销于 1979 年刚刚升格的联邦教育部。在里根 20 世纪 80 年代的两个任期内,联邦政府并未对教育改革提供全面的方案,而是由一些与联邦政府关系密切的教育专业组织发表许多调查报告,提出种种改革方案。

在举国右倾的政治保守主义的同时，人们的价值标准更加多元化。虽然政府大力宣传传统的价值观念，但人们对传统价值观念更加怀疑。由于美国在越南战争的失败以及水门事件，人们对公共机构及其领导人的信任减少，公众对被告知的事物更不愿意接受。

这种趋势削弱了共同信仰以及人与人之间的相互信任。由于传统的价值观念例如努力工作、成功、节俭、性节制、经济增长等受到了挑战，人们排斥新教徒的道德，受到消费主义刺激的各种欲望极度膨胀。其结果是，道德相对主义很有市场，人们把道德问题看成是个人偏好，不受理性原则的制约。这就使得社会的道德约束力下降，人与人之间的关系变得松懈。因此，摆在各级学校教育面前的严峻课题是：怎样培养学生共同的价值观念，如何在价值观念的一致性和多样化之间达到平衡。

2.人口统计状况的变化及家庭结构的变化

1980年1月1日，美国共有人口二亿二千一百九十万。尽管美国人口在一个世纪内增加了三倍以上，自1920年以来也已翻了一番多，但是，战后的生育高峰时期到1957年已经结束。从那一年开始，美国的生育率即人口出生数与育龄妇女数之比出现了历史上最急剧的一次持续下降。根据美国人口学家1980年的推测，美国人口将在2015年左右达到大约二亿五千万的高峰，并在那个水平上稳定下来。实际上，到20世纪80年代中期，由于人口出生率的持续下降，许多中学入学人数已经开始减少。

美国人口出生率下降主要有如下一些原因：第一，妇女婚期越来越迟；第二，越来越多的妇女参加了工作，不愿意多生孩子，家庭规模逐渐减小；第三，由于科技的进步，各种新的避孕方法的发明，加上堕胎合法化（1973年美国联邦最高法院作出裁决，取消各州政府禁止堕胎的权力），使夫妇们能够自由控制子女的数量。

由于离婚法更加宽容，离婚更加容易，新家庭远不如旧式家庭那样稳定。到20世纪70年代后期，美国1/4的家庭是由独身者或自由同居者组成的。单身母亲带着孩子的家庭数量在70年代也增加了近1/3。到1988年，78%的黑人儿童靠单身母亲抚养。每年都有100万以上的美国儿童饱尝父母离异之苦。美国儿童的1/5生活在国家统计局公布的贫困线以下。

另一方面,美国移民人数由 20 世纪 40 年代的平均每年 85 000 人增加到 70 年代的每年 40 万人,这个数字是 20 世纪头 10 年以来最高的。1965 年通过的移民国籍法废除了带有种族歧视色彩的移民国籍限制制度,使新移民的成分比过去发生了重大的变化。结果,来自亚洲、拉丁美洲、东欧、南欧等国移民比例升高,而西欧及加拿大移民比例则急剧下降。1976 年移民法再次修订,把来自西半球的移民数量限制在每年每个国家两万人以下,使得非法进入美国的人如墨西哥人、加勒比人和南美人大大增加。据统计,1980 年美国无合法证件的外国人在四百万到八百万之间,这批人的子女不能享受公共机构向穷人提供的帮助和教育,他们造成日趋严重的社会问题。

一方面出生率下降,另一方面移民人数增加,结果,美国增长的人口当中有将近一半实际上是移民。这些移民子女的教育问题增加了美国公立学校教育的难度和复杂程度。

人口统计方面的另外一个问题是人口的老化。这一过程已经持续了两百年,20 世纪 80 年代初全美国人均年龄达到了 32 岁。1975 年这一数字是 29,一百年以前是 22 岁。但是,1945 年前后人口出生率突然增加,暂时改变了从 1800 年以来人口出生率下降的趋势。为了满足突然增加的人口的教育问题,美国公立中小学不得不迅速扩张。但是到 20 世纪 80 年代,由于入学适龄人口的减少,出现了紧缩的局面。而美国少数民族要求平等政治权利的斗争却正好方兴未艾,他们要求得到 20 世纪 50 年代到 70 年代被中产阶级享用的蛋糕的份额。而这种要求却正好处于学校资源紧缺的时候。

另一方面,由于人口的老化,许多纳税人没有孩子上学,他们对学校教育质量也就不那么关心。他们反对增加对备受指责的公立中小学的投资,因此也构成一股紧缩的压力。

3.城市中心的衰落

城市与郊区之间人口的重新分布对教育特别是学校的分布具有重要意义。1980 年,有将近 40% 的美国人住在郊区,居住在中心城市的人则不到 30%。纽约、费城、底特律等主要城市人口在 20 世纪 70 年代实际减少了。

居民向郊区的流动逐渐破坏了美国城市自给自足的状况。迁往郊区的居民无须再向城市当局交税。取代原来的中产阶级进入城市的新居民非但无力纳税,反而要消耗税款。随着居民中穷人、老人、有色人种的比例越来越高,城市的财源越来越少,以至无力建设十分急需的公共设施。对他们来说,条件恶劣的贫民区成了他们的永久居住地。

教育经费在城市预算中占近 1/5,人们仍然把实现社会和睦和改善生活的最大期望寄托在教育上。但是,市内学校往往拥挤不堪,而且设施简陋。学校里事实存在的种族隔离状态和他们不良的家庭环境都使他们在教育上处于不利地位。中学里黑人学生的退学率是白人学生的三倍。许多学校里的学生对前途悲观失望,吸毒和学校暴力行为频频发生。据盖洛普民意测验 1977 年的报告,美国成年人的 1/4 和 30 岁以下的人半数以上尝试过大麻的滋味。而据 1993 年的一份有关美国公立学校暴力的研究报告称(该研究调查了 1 000 位教师和 1 234 位学生),有19％的教师和 15％的学生感觉校园暴力有逐年增加的趋势;学生有 6％常常看到校园暴力事件,31％有时看到。

4.劳动力状况的变化

美国主要从事服务工作的白领阶层的人数在 20 世纪 50 年代第一次超过了主要从事商品生产的蓝领工人的人数,被认为是美国进入后工业社会的标志。在 20 世纪 70 年代末总数达一亿人的普通劳动力队伍中,9 100 万人从事工业和服务性行业,300 万人经营农业,600 万人失业。1979 年,美国的白领工作者为 4 900 万,蓝领工人则为 3 100 万。人数增加最快的是各类专业技术和经营管理职业。20 世纪 70 年代从事这些职业的人数已占全部劳动力的 1/4 以上。

劳动力队伍成分的变化在一定程度上是由各种自动化技术的推广应用促成的。新技术要求人们具有高度专业化的知识,为此,高等教育事业获得了空前的发展。大专院校的入学人数由 1940 年的不到 200 万增加到 1978 年的 1 000 万。但是,有些院校在 20 世纪 60 年代的大发展中扩充过头,随着出生率的下降,入学人数的减少,在 20 世纪 60 年代面临教职员和设备过剩的问题及投入减少的问题。

由于前述从中美洲、南美洲以及亚洲移民到美国的人数增加,因此美国劳动力人口中以英语为母语的工人人数减少了。相对过去而言,工人中更多的是妇女和少数民族,更多的是必须奔波于照顾孩子和工作之间的单身父母,更多的是既要抚养孩子还要赡养老人的人。

二、经济和科技背景因素

1.美国经济持续十多年不景气,国际竞争力下降

第二次世界大战后,美国经济经历了持续增长的空前繁荣时期,特别是在 20 世纪 60 年代,国民生产总值不断提高,但是,受经济危机的影响,1974 年和 1975 年,美国发生了战后最严重的经济危机,在此沉重打击下,美国通货膨胀率在战后首次达到 12% 的两位数。美国在国际上的经济霸主地位急剧衰落。[①] 其主要表现是:(1)经济增长速度减慢;(2)以美元为中心的国际货币体系崩溃,美国的储备资产占世界比重下降;(3)工业竞争力不断削弱,工业产品在国内外市场的占有率明显下降;(4)国际贸易赤字和经常项目收入逆差猛增,从最大的债权国变成了世界上最大的净债务国。直到 20 世纪 80 年代中期后,美国的经济状况才有所好转。[②]

在国际贸易战中,美国节节败退。1980 年美国对日贸易逆差为 93.8 亿美元,1986 年上升为 586 亿美元。六年中增长了 5 倍之多,平均每年递增 35.7%。美国的出口额在世界出口贸易总额中所占的地位已从 1950 年的 17.8% 下降至 1980 年的 11.8%。1986 年,美国外贸赤字高达 1 562 亿美元。这种状况对经济严重依赖出口的美国是一个沉重的打击。

2.新的科技革命的兴起

新的科技革命建立在微电子科技空前发展的基础之上,美国开始进

---

① 王英杰:《美国高等教育的发展与改革》,人民教育出版社,1993 年版,第 84、85 页。
② 迟恩莲、曲恒昌主编:《中外教育改革的指导思想与对策》,北京师范大学出版社,1996 年版,第 49 页。

入工业自动化、办公室自动化和家庭自动化的"三Ａ社会"。此外,美国在生物工程、新型材料工程和海洋工程等领域处于世界领先地位。

首先,科技革命使得美国的产业结构发生了巨大的变化。据世界银行1983年报道,美国农业生产只占国内总产值的3％,工业生产占34％,而服务业却占63％。产业结构的变化理所当然地引起了劳动力分布的变化,从事农业的人员只占就业人口的2％,产业人员占32％,而服务业则占66％。据美国劳工局1984年的预测,1995年美国增长最快的20种职业中有14种属于服务业,其中排在前七位的全部是服务行业。

其次,科技革命使得生产方式发生了重大变化。在美国的制造业中知识和资本迅速替代着体力劳动。几十年前是机械化,现在则是自动化或机器人化。工业从劳动密集型转向了知识密集型。以半导体微型芯片来说,其制造成本大约70％是知识,而发展、试验和劳动力则只占12％。制造业也是如此,劳动力只占15％,而知识却几乎占50％。美国20世纪80年代重点开发的其他一些产业如宇航、海洋开发、激光、新能源和遗传工程等都是知识密集型产业。

再次,科技革命使得教育目标、内容和方法都发生显著的变化。例如,为了满足科学技术发展和学生未来就业的需要,既要加强学生的基础知识和技能教育,又要大力培养学生的创造性、适应性和灵活性。由于信息和网络教学媒体的出现,传统的文字读写能力的教育目标也显得不够了,对学生来说,对图像和声音的高度敏感性,与他们具有的文字能力和计算能力变得同样重要。在教学科目方面,除了传统的语文、数学之外,计算机信息处理和应用将成为新的基础科目。为应付科技革命带来的副产品——人类生存环境的破坏,还要增加环境意识培养的教学内容。由于科技的发展,生产力水平的提高,人们的闲暇越来越多,因而要在教育中增加利用和享受闲暇的内容。在教学方法和方式上,计算机信息媒体为个别化教学提供了可能,因此教师要逐渐摆脱以课堂讲授为主的教学方式,用更多时间对学生进行个别辅导和因材施教。此外,像电子教室、小组学习、远程学习、学习软件等将极大丰富和改变未来的教学内容和方式。

以上政治、社会和经济、科技方面的因素,构成了美国20世纪80年代新一轮教学改革的背景。

三、几个重要背景性问题

20 世纪 80 年代美国教育的突出特点是,影响教育决策者的主要动机因素是影响全社会的人口因素、经济状况,而不是理想主义的教育机会均等、学校的反种族隔离等。在 20 世纪 60 年代甚至 70 年代,在政府的大力投资以及整个社会的革新气氛下,学校进行了许多教育改革项目。但到 20 世纪 80 年代,潮流开始改变,开始变得对公立学校教育大为不利。

在 20 世纪 80 年代,选民们对公立学校的支持减少,资源的竞争更加激烈,教育决策日益政治化,社区内的冲突更加激烈,从而对公立学校教育提出了挑战。

1.公众对学校支持的减少

由于家庭规模的缩小、人口的日趋老化、非公立学校入学率的上升以及其他人口因素一起,削弱了支持公立教育的人口基础。1971 年,公立教育的入学率明显下降。那时大约有将近 5 100 万名从幼儿园到中学 12 年级的学生。其中近 10％在非公立学校上学,从 1968 年最高值 14％降下来。公立学校学生占美国人口的近 1/4,公立学校教师及家长约占选民的 40％。如果包括高等教育,这一数字上升到 45％。在 20 世纪六七十年代,这部分人是支持公立学校教育的坚强基础,但到 20 世纪 80 年代,这一基础受到削弱。

不仅入学率的绝对数字在减少,而且公立学校与选民的联系也变得松散。首先,这是因为非公立学校入学人数在上升。据估计,非公立学校学生比例从 1975 年的最低值 7％上升到 1981 年的约 11％到 12％。这使得公立学校在学人数少于 4 300 万,少于美国人口的 1/5。而相应的教师和家长选民的比例则降到 23％(包括高等教育则大约 30％)。如果考虑到许多公立学校学生来自低收入少数民族人口,则有效选民人数的比例会下降更多。

当然,也会有许多支持者不一定有孩子上学。并不是说只有从自身利益出发的家长才支持公立学校教育。然而,这里强调的是,与公立学校有紧密联系的群体的人数减少了。而且家庭规模民意调查显示,这一趋势还会持续至少 20 年。此外,老龄人口的增加(美国平均人口寿命达到 73 岁)也对公共服务提出了更多的要求。老人公益事业也会与公立教育竞争公共资源。

2.资源竞争

尽管公共教育经费增长速度在过去 10 年中一直减缓,但从过去 40 年看,这一数字增长还是相当大的。学校总开支和平均开支都有增长。1940 年,美国中小学生均开支为 100 美元,1980 年的可比数字则接近 2000 美元。即使扣去通货膨胀因素,第二次世界大战以来学校开支也增加了将近 5 倍(这种快速增长至少说明了为什么 20 世纪 60 年代末公众开始要求学校承担绩效责任)。

从 1977 年开始,学校开支增长减慢,大多数州还赶不上通货膨胀率。这部分反映在教育占国民生产总值的比例(GNP)上。1975 年,教育分别超过卫生和国防开支,占 GNP 的 7.9%。1980 年,预计 GNP 将超过两万亿美元,而教育总开支将不会超过 7%。初中等教育的经费增长更慢。

就购买力而言,学校收入几年前就开始减少。而 20 世纪 80 年代初可能进一步减少。1979 年,在美国历史上,当地社区支付的公立学校开支数少于学校总开支数的一半。而州和联邦拨给中小学的费用超过了 50%。不管地方财产税对公立的学校开支有什么坏处,它们仍然给学校提供了重要的财政支持。由于拥有自己的收入来源,地方学校不用与其他公共事业竞争。当然,地方学校委员会成员还必须关注税收率,但是他们不需要与卫生、交通、劳教所、消防、公安、社会福利等市政部门竞争。学校管理者当然要说明计划开支的正当性,但他们很少需要就学校整个设施的用处作出辩护。

学校不仅要为收入竞争,而且到 20 世纪 80 年代中后期还要为吸引合格师资竞争。例如,数学和自然科学领域的合格师资已经开始不足。由于人口出生率的进一步降低,财政支持的紧缩,学校吸引合格人才可能越来越困难。

3.集权化

在 20 世纪,美国公立学校决策上交到遥远上级的少数人手中的集权化过程主要发生过两次,第一次发生在 30 年代,以学区合并运动及学校行政的专业化为标志。通过那次合并,学区数目减少到原来的 1/9,以前每个学区委员会代表 200 个选民,而到 80 年代每个学区则代表 2 000 个选民。这使得学校很难再根据家长的特殊需要提供服务了。

第二次集权化改革从 60 年代到 70 年代末,而且没有逆转的迹象。采取的形式包括:由州和联邦政府颁布的越来越多的强制性命令、指导、法令。70 年代比以前出现更多重要的分类援助计划、有关教育的法律判决。重大教育改革项目层出不穷,诸如反种族隔离、补偿教育、双语教学、特殊教育、生计教育、性别平等运动、学校财政改革、集体谈判、全州范围的成绩测验之类的绩效责任制措施等。这些改革都需要教师花费时间、金钱和精力。

集权化的行动对公立学校未来产生不利的影响。地方教育决策者的权力缩小,使学校更难适应当地的需要,可能使选民们更加疏远。他们可能对与学校有关的事情更不感兴趣。学费税的信誉、计划的正当性可能要受到更多质疑。此外,集权化还可能使得特殊利益群体有机会对越来越少的高层决策者施加影响,从而使教育决策政治化。

4.政治化

过去,美国公众一直认为学校是非政治的,不受党派利益和偏见的影响。但情况逐渐发生变化。在州和联邦一级,教育问题越来越吸引不同利益的争斗。由于民主党和共和党试图澄清日益模糊的党派形象,这种情况的可能性就更大了。民主党可能把更大的教育机会均等作为自己的纲领,共和党则可能要求提高学校的效率和选择性。最关键的是,他们采取什么行动来迎合更多的独立选民和特殊利益组织的口味。

教育决策向高层政府部门的集中将鼓励特殊利益团体成为院外活动集团。教师、管理者和学校委员会成员几十年来在州政府一直有自己的说客。新的情况是这些团体的社区共同性丧失了。在20世纪70年代以前,他们一直合作得很好。但到20世纪80年代初,至少教师与其他两类人分道扬镳了。除此之外,与学生或教工有关的可能还有很多团体,比如幼儿园、缺陷儿童、成人教育、天才儿童、补偿教育、各类学校工作人员等。他们可能都要有自己在政府的代言人。

这些有关教育的利益群体的出现被认为既可能是好事,也可能是坏事。如果党派争论使公众更了解情况、更理解学校和就学校的事情做出判断,那么可能是好事。如果争论是尖刻恶毒的互相攻击,并捏造出一大堆教育问题,把原因归结到对方身上,那么公众对学校的信心可能会逐渐丧失,因此也可能是坏事。

总之,20世纪80年代的美国教育面临一系列棘手的问题,受到重重压力和指责。如果说,20世纪60年代的教育改革是在一种积极的危机感(冷战竞争、民权运动、伟大社会、充满信心的社会气氛)驱使下开展起来的话,20世纪80年代的教育改革则更多受到消极的危机感的驱动(工业竞争力下降、政府威信下降、公立学校形象越来越坏、悲观的社会气氛)。由此展开了新一轮的教育改革行动。

第二节　基础教育改革的困境及其原因

一、20世纪80年代教育改革的进展与困境

在1988年贝内特的报告中,已经详细列举了美国在《国家处于危险

中》报告发表后所取得的教育改革进展。概括起来，主要包括：大多数州程度不同地提高了中学毕业生的毕业标准，学习"新基础课程"（英语、数学、科学、社会学、计算机科学、外语）的学生人数明显增加；全国有半数的州增加了学习时间，例如阿肯色州将每天上课时间从 5 小时增加到 5.5 小时，学年从 175 天增加到 178 天；绝大多数州增加了教师薪金，教师职业对大学毕业生的吸引力有所增加；全国半数州对现有教师进行轮训，对新教师进行全面考核；某些州确立了新课程教学大纲或学习目标；大学本科生教育改革也取得一些进展，例如一批理工科院校开设了探索科学、技术与社会关系的 SIS 课程，许多学校开设国际教育课程等。

　　但是，总的来看，美国 20 世纪 80 年代的教育改革进展还不大，而且发展不平衡。拿贝内特报告中的话说："我们还做得不够好、不够快，我们仍然处在危险中。我们所取得进步的绝对水平还太低。中学不能毕业的学生太多。我们的学生知识太少，对重要技能的掌握太差。学校所授课程质量差别太大；为家庭环境不好和少数民族子女开设的学校太少；等等。1988 年，美国麻省理工学院院长保尔·E.格雷甚至认为，美国公立中学已经变得如此不能胜任工作，以致一些大公司正试图由他们自己来填补这个空白。他们不仅提供在岗培训，而且提供基础技能的补习。很具讽刺意味的是，正当商业贸易不断趋向国际化而要求更好的教育、更熟练的技术时，美国的中学教育质量却落后于其他发达国家。

　　1991 年，卡内基促进教学基金会发表了题为《准备学习》的报告。根据报告的调查，12％的教师认为现在学生的学习能力比五年前的学生差，大部分教师认为美国儿童缺乏掌握词汇、句型结构的能力。报告指出："美国对其儿童视而不见。在日常决策中，我们习惯于把他们放在最后考虑，其严重的后果就是牺牲国家前途。"从大学入学考试成绩来看，1990 年与 1989 年相比没有提高。

　　美国基础教育质量为什么不高？为什么教育改革总是进展缓慢、举步不前呢？以下将给出几种代表性的观点。

二、美国基础教育质量差以及教育改革收效甚微的几种解释

对于美国教育改革效果甚微,学生学习成绩依旧令人失望,存在多种多样的解释,主要有如下几种:

1.美国公立学校没有真正地实施改革,因为教师工会和其他既得利益群体阻碍了改革,学校行政人员不够重视而淡化了改革。此外,公共教育系统具有不寻常的抵制变革的能力。例如,《国家处在危险中》曾建议,学区和州立法机关应考虑增加学生的在校学习时间和延长学年,即实行每天上课 7 小时和每学年 200～220 个学习日的制度,但该建议一直未受到应有的重视,原因是教师工会坚决反对。自 1983 年到 1988 年,曾有 37 个州一直考虑采纳这一建议,但其中只有 9 个州增加了学年中的上课日,而且这 9 个州也不过是把本来就很少的学习日增加到美国多数学校做法的 180 天而已,只有 5 个州延长了每天在校学习的时间,但还没有一个州每天超过 6.5 小时。美国中学校长的一次调查表明,有 55% 的人认为"缺少自主权对管理学校不是一个问题或不成为障碍",三分之一的校长不希望得到更多的自主权以便对教学效果少负些责任。一些人把美国的公立学校系统称为"失败的垄断",或者称为计划经济,对变革具有天然的阻力。

2.另一种解释是美国教育已经到达了传统教育模式的极限。所谓传统教育模式是,既把学生视为必须往里灌输知识的容器,又把学生视为原材料,通过教育过程使其转变为成品——合格的中学毕业生。这种教育模式重视对学生的控制,认为学生能够每天静坐五六个小时,通过教师的粉笔和谈话有效地进行学习。但是,这种教育模式要取得成功至少需要三个条件:具有内聚力的家庭和社会结构;中等教育的分轨制;大量的合格教师。而美国的学校不能控制第一个条件,不能接受第二个条件,连第三个条件也难以满足,即使能够满足第三个条件,也不能指望取

得成功。这些年的教育改革的信念基础一直是：对师生更严格的要求，更多的家庭作业、延长学日或学年，引进其他国家成功的学校制度的特征。但是那些国家中都有一种全国或全省统一的课程及教材，而全国统一课程一直是美国所厌弃的；那些国家重视围绕统编课程的考试，并且包括问答题，而美国则是唯一迷恋标准化多项选择测试的国家。那些国家的学校系统具有相当完善的按成绩编班的性质，学生的能力水平要比在美国的学校里所发现的整齐得多，因此传统的讲授法才较为简便有效。最后，那些国家大学入学标准很高，教师又是从中学优秀毕业生中选拔，教学是一种地位很高的职业，不存在师资短缺等。从以上情况看，传统教育模式在美国行不通就是必然的了。朝向恢复传统教育模式努力的教育改革的失败也就是必然的了。出路只有重建美国教育，建立学生主动学习的模式，学生就是一位工人，学校系统的任务就是弄清怎样使学生不断地工作，甚至没有人监督也是一样。

3.对于美国中学教育质量，国际教育成绩评价协会主席、瑞典著名比较教育家托斯顿·胡森在《美国学校的标准确实落后于其他国家吗》一文中认为，在把美国的学习结果跟西欧可比的高度工业化国家的学习结果进行比较时，人们很容易忽视学校系统之间的某些基本差别。就正规教育系统而言，美国不同于欧洲。欧洲是初等、中等教育双轨制的，中等教育一直由中央政府控制，具有高选拔性。美国中等学校一直由地方学校委员会管理，是单轨制的，没有选拔性。在试图比较美国和欧洲学校的学术标准时，至关重要的是要考虑中央政府在确定课程、规定考试以及视导教学质量方面的作用大小的不同。

正因为欧洲中学历来是为少数英才上大学作准备的，直到 20 世纪 60 年代中期，国际教育成绩评价协会进行首次数学比较调查时，德国有关年龄组中毕业于高中的只占 9％，而美国约为 75％。从平均成绩说，综合学校教育系统是以质量为代价达到平等。但是，数学和科学学科的国际调查表明，中等教育结束时顶端 5％～10％（有关年龄组的同等部分)的成绩水平,无论在选拔性的还是在综合性的中等教育系统中几乎都是相同的。因此,胡森的结论是,无论在具有综合的中等教育结构的美国还是其他国家,低标准并非公立学校教育中最严重的问题。实际上,最严重的问题是教育上新的下层阶级(在美国,城市中心学校、农村学校中的少数民族家庭、单亲家庭等处境不利家庭的子女)的出现。实际上,科南特20世纪50年代末有关美国中学的陈述:"我们正在我国城市中学中储备'社会炸药'",这一预言在20世纪60年代以至七八十年代一直被证明是准确的。少数民族子女和移民子女的教育问题,尤其是占美国人口总数15%以上的有色人种,特别是黑人和西语裔人子女的教育状况,虽比过去有所改善,但仍然十分落后,一直是美国教育的大难题。

4.美国教育家库姆斯认为,多年来,各种各样的人一直试图改变教育,但多半没有获得成功。主要原因是:他们关注的是物而不是人,每一次的努力,无论是教学机器、视听装置,还是新数学、能力分组教学,都集中在装置、机械、方法、学科以及组织管理的方式上,但教育是一项人的事业,要在一个如此复杂的机构内进行真正有效的变革,只有通过促使人的变化,尤其是教师的变化才能完成。此外,各种传统的尝试是建立在一些部分正确的假设的基础上,因此只能导致部分正确的答案。还有,只是抨击解决办法,极少能取得预定的结果。

5.对于教育改革失败的另一种解释是,美国中学的教育体制缺乏诱因。除少数学生外,多数学生只想得到中学毕业文凭,因为对于雇主来说,成绩可能无关紧要,只要有毕业文凭就行。对于教师来说,提高了学生成绩却得不到奖励,他们受奖励是因为遵循了习惯做法——如按时交出勤登记本或遵守课时计划,与学生的成绩毫不相干。

6.对于20世纪80年代的教育改革收效甚微的另一种解释是,时间太短了,以至不能指望看到许多变化。在短短的时间内,指望一种庞大的事业发生根本的变化无疑是不切实际的。

7.很长一段时间以来,许多中学生受实用主义和金钱至上观念的影响,存在着重实际、轻科学,重职业教育、轻基础教育的倾向。许多学生从上学之日起不愿学习科学课程。大多数学生都是选择容易得学分的课程、为将来就业和自我服务作准备的选修课程,学习数学和自然科学完全是被迫的。

三、美国中学教育质量问题:比较的观点

在当今世界教育领域,美国的高等教育具有某些众所周知的优点。美国大学入学率在世界各国中是最高的、美国研究型大学在许多科研领域硕果累累、博大精深,总的来看,美国的三千所大学很好地完成了多方面的职能。但是说到美国的中等教育,情况就完全不同了。美国国内普遍认为中等教育是教育中的薄弱环节,美国中学水准很差。有些时候,例如 20 世纪 50 年代末 80 年代初,对中学的批评不断升级,直至认为中学是国家的耻辱。国际成绩测验的比较结果,也证实了国内某些苛刻的评价。在 20 世纪后半叶,美国的中等教育似乎误入歧途,成了难以克服的顽症。

为什么美国的中学问题这么严重,以至 1982—1983 年总统委员会认为教育使美国处在危险中?委员会的报告虽然显得有些言过其实,但是该报告发表后,又有许多通过严格调查、周密分析的重要研究报告公之于众,这些报告也反映同样的问题,即美国的中学存在严重的功能失调,需要全面改革。这些研究报告的分析和建议各种各样:有的声称中学偏离了基础科目,因此应该"回归基础";有的列举了中学管理和教学中的许多弊病,认为应该进行大面积的一件一件的改革。

同时,许多人对自上而下的改革能否取得效果表示怀疑。美国的中学是一个巨大的、高度分权的复杂系统,深深植根于五十个州、成千上万个城镇社会的结构和文化。每个中学都在自己的动力机制作用下运行,并以自己的方式回应外界压力。1980 年代初的许多改革建议基本上是 20 世纪 50 年代末 60 年代初苏联卫星发射以后提出的教育改革建议的

重复。现在来看,那次改革效果很小或者不能长久,公众的注意力不久就转移到其他事情上去了。教育改革的目标从追求高质量转移到为文化被剥夺者进行补偿教育,然后又转到激进的合校以及肯定行动计划①。回顾过去,美国的中学似乎陷入泥淖不能自拔,而且问题在 20 世纪 60 年代和 70 年代还加重了。无论是政治团体还是普通老百姓,都认为中学越来越糟糕。

美国著名比较教育学家伯顿·克拉克认为,美国中学存在根本的结构性的弱点。因此有必要深入研究中学如何工作、中学教学职业受到哪些影响,这样才能了解美国中学的教育质量问题。在这方面,跨国的比较可以提供有价值的新视野。以德国、法国、瑞典、英国、日本甚至不发达的第三世界国家的教育为背景,来看美国的教育制度,就能够突出看出美国教育制度的深层信念以及标准状态。否则这种特征要么或明或暗,要么就是被淹没在成千上万的细节中而被忽视。

克拉克从国际比较的角度总结出美国教育的如下主要特征,这些特征决定了美国中学问题的性质:

1.普遍的中学教育。美国中学问题的第一个根源是它力求达到的广泛的和普遍的参与。这开始于 20 世纪初的 20 年代。那时欧洲的中学在入学和参与方面是极端精英型的,并且一直保持这种状况,远远落后于美国,直到 20 世纪 60 年代末和 70 年代才达到初中阶段的普及。可以看到,尽管欧洲中学经历各种重大改革,高中教育仍然没有包括所有学生。相反,美国的制度是所有年轻人都留在中学里,一直到他们毕业。而且这种压力并不只是意识形态上的。中学管理者受到社区的压力,尽量不能有学生辍学。由于学校的拨款是根据学生人数来决定的,因此如果他们保留更多的学生在学校里,就会得到州政府更多的财政拨款。在一个

---

① 肯定行动是指美国根据 1964 年民权法和 1972 年平等就业法制定的一系列措施、计划和政策。1965 年 9 月约翰逊总统发布政令,要求所有联邦机构以及与联邦政府签订合同者"采取肯定行动保证申请就业者……不管其种族、信仰、肤色或出身国别如何,都能得到雇用"。其后,许多机构和学校都制定了积极雇用或录取少数民族的政策。

多民族的社会里,中学因此不得不面对大量不同文化和种族背景的学生。既要接受具有优势的、具有学习动力的学生,也要接受个人权利被剥夺的、对社会不满的学生。

由于校内校外都对学校寄予很高的期望,所以如果并非所有适龄儿童都上满12年学并拿到毕业证书,社会就认为学校失败了。以跨国比较的观点来看,这种美国乐观主义的制度化特征十分突出。

2.综合的学校组织。美国中学问题的第二个结构性根源是每所中学都得"复制"整个系统内所有的科目和所有类型的学生。这也起源于20世纪初。从1900年到第二次世界大战,综合中学风靡全国,远远压倒了专门中学的形式。学术性中学、职业中学及艺术中学都销声匿迹。除了在少数几个大城市有少数例外,所有的中学都变成了综合中学,这种中学开设所有的科目和各种各样的选修课,接受所属城镇或乡村的所有学生。

这种中学与其他主要国家的中学模式简直有天壤之别。其他国家如法国、德国、英国的中学,都以各种方式保留了精英轨,通常是学术性中学的类型。即使是经过很多改革的瑞典,极力推进了中学综合化的改革,1980年在高中阶段仍有多达20多种以上的课程轨。只有美国的中学在性质上完全不同,整个中学阶段都包括所有学生,只有在校内才分出三种主要轨:即学术轨、职业轨、普通轨,并且这种分轨并非由考试成绩强制划分的,而是依据学生选修课程自然形成的。这种中学试图任何时候都迎合任何人的需要。

整个国家的所有希望于是都反映到成千上万的中学中去。在每个中学内部,由于多种期望、多种责任、多种任务的重负,面临严重的组织问题。专业化的优势和特色都丧失了,目标变得模糊不清,社区各种利益都充斥校园。教育任务增加的结果是,学校被要求做各种各样的事情,结果难以维持统一的使命感。

3.与小学的联系。美国中学的第三个基本结构特征是它与小学的联系方式。在欧洲及世界其他国家,教育结构在小学和中学之间是非连续的。小学是面向所有人的教育,大多数人小学毕业就结束学业;中学则是面向少数人的大学预备教育。德国的大学预科,英国的第六学级,都是这种类型。它们是具有优越地位的选拔性的学习中心,与普通小学完全不同。

相反,美国早期普遍中学教育运动取消专门中学代之以综合中学的结果是,小学和中学被置于同一轨道。在管理上是密切联系在一起的,受到同一学区的同一学校委员会、同样的督学和学区官员的管辖。教师联合会发展起来后,既包括小学教师也包括中学教师。教师联合会的宗旨和规则,使得中小学教师结合到一起。同时,高等教育以完全不同的方式发展起来,在学区以外由私人或州举办。只有某些州的社区学院成为学区的一部分,而且社区学院没有这种地方联系,位于州的一个独立区域和场所。

由于中学在哲学上和组织上与小学联系在一起,因此存在一种内在的小学化的趋势。在一所六年制小学教六年级的人和在二到三年制的初中教七年级的人的工作条件和社会地位没有什么差别。不同的学区把学制分成六·三·三、六·二·四、八·四甚至六·六,从教育上讲都没有什么区别。只要最好地利用了物理空间,就可以采用某种学制。总之,教师受到同样的管理,甚至同样的工资水平。因为管理部门总是将中学教师工作与小学教师扯平而不是与大学看齐。例如,中学教师每周25学时的课堂教学任务被认为是比小学教师每周30学时的教学任务要轻,而不是比大学讲师至多15学时的教学任务重。

这种管理方式把中学拉向小学而不是大学。在美国的制度中这一点是这样自然,以至很少会想到或怀疑到这一点。只有跨国比较才能清楚地揭示出,从历史到现在,其他国家的中学制度都是将中学与高等教育联系在一起,而美国却将中学与小学联系在一起。

4.地方控制。世界上大多数教育系统的运行没有受到当地学区的津贴。相反,他们将公立学校按国家或地区组织起来,学校管理主要职能由与学校相距遥远的管理办公室来履行。随着时间的推移,国家或地区的教育制度变得越来越科学化。但在操作层次,他们仍让教师们免受外行督学的直接钳制,甚至使他们与家长保持距离。于是在大的行政体系之内培养出专业的自主性。正像其他科层体制下的专业团体一样,教师们学会了使用他们内在位置的权力,把自己的利益反映到中央官僚那里。实际上,他们占据了许多官僚职位。专业组织的首要敌人是外行,而不是官僚机构成员。

作为世界上分权程度最高的教育制度,美国中小学教师既要倾听家长的声音,允许他们有常规的干预途径,又要受到附近社区外行官员和当地管理部门官员的监督。随着城市统一学区的增长及合并,地方管理机构也越来越庞大,科层化程度越来越高。行政等级很森严,甚至臭名昭著,管理的重要性甚至超过了教学的重要性。由于这种种原因,教师职业作为一种专业团体的自主性受到不利的影响。无能为力的感觉在教师中变得很普遍。地方控制对中学的主要影响是使得中学教学非专业化。

5.地方垄断。以地理区域为基础,美国普通中学典型地受到委托人的垄断。学区本身是整个中学系统按大的地理区域划分的分支。在这些分支区域内,垄断控制逐渐增加。由于城市中专业化的公立中学的数目逐渐减少,他们不再能吸引综合中学区域内的学生。由于私立中学在大多数州只是起很小的作用,他们对公立中学也不能构成大的威胁。结果,家长和学生几乎没有择校的可能。学校也没有必要为学生竞争。整个教育制度形成由成千上万个垄断体组成的结构,因此减少了选择,实际上消除了中学之间的学术竞争。地理的垄断性也意味着学校学生的组成由城镇邻里的社会组成所决定,因此按阶级、种族、宗教、民族来区分学生。居住地成了关键因素,决定了你能够受到的教育。普通中学因此不再很普通。

跨国比较证实了这样的结论,即其他国家的中学体系不像美国那样具有垄断性,存在专业中学,学生打破了邻里界限,学生可以到很远的地方上艺术学校、职业培训或学术性课程。中学学生的分布因此由学生的兴趣、性向、前期个人成绩来决定。由于这些中学专注于特定的不同的任务、不同的学生,因此尽管他们课程不多,但都适应特定学生兴趣、性向或成绩水平。具有讽刺意味的是,其他国家针对不同类学生的一批分轨中学可能比美国社区垄断下的一批综合中学提供更多的教育选择。

　　将美国中学与美国高等教育比较,差别也很显著。美国的高等教育很少有垄断性:大学和学院都千差万别,大多数大学和学院从不同的地方招收学生,学生的学习计划也因人而异。私立大学既与公立大学和学院竞争,彼此之间也进行竞争。公立大学彼此进行激烈的竞争,也与私立大学竞争。与中学相比,学生对大学可以有多种选择。这种高等教育制度富于活力,能够进行自我调节。相反,综合中学类型单一,缺乏竞争和吸引力。

　　普遍的高中教育、综合的中学组织、与小学的联系、地方控制、地方垄断,是美国中学制度的五个基本特征,构成了根据国际成绩测验的标准和美国高等教育的要求改善美国中学教育水平的基础。这些结构特征是深层次的,并且是相互交织的,很难轻易加以改变。各州或学区进行的新的改革试验,例如建立磁石学校、主题学校等专门学校,或者提高入学和毕业标准,可能会一点一点地使情况得到改变。大学和学院可能会加强和中学的联系,使之更接近大学的标准。失望的家长可能会转向私立中学,因此减弱地方公立中学的垄断并刺激某种竞争。但现存的工作和权力结构会强烈抵制重大的变革,因为这种结构是与基本的意识形态交织在一起的。

　　从另外一个角度看,有两种信念决定了美国中学教育问题的性质:第一种信念决定了学生进入中学和大学的方式,第二种信念决定了学生从小学到中学上学的性质。

在每个国家,社会公平意识都体现为教育机会均等的信念,但这种信念的含义和实践方式则可能很不相同。在美国以外,它常常指"成绩合格者"拥有同等的进入中学和大学机会。当把美国和欧洲教育民主的这一基本概念进行比较时,则可以发现这一重要的修饰词(成绩合格者)的区别。美国人去掉了合格者一词,认为"平等就是所有人",每个人都有权接受中等教育,实际上,每个人都有权接受高等教育。

贯穿于小学和中学的有关社会流动的信念是学生应该学习平行课程,不管学习成绩如何,所有学生都从一个年级升到另一个年级。然后,由于社区学院普遍开设,学生可以自动升学接受高等教育,而且也不需要成绩或能力证明。只要年龄长大就可以了。其他国家的制度则不同,许多学生被高一级学校拒之门外,于是只得复读。在欧洲,人们还持这样的观点,如果孩子算术不及格,他就应该留级,而不是尽管他成绩很差,还让他自动升级,最后交给他一份毕业证。美国人不愿意学生留级,因此得到成绩差的结果。因此,美国的困境是,有成千上万的学生从中学 12 年级毕业,但许多人只有 8 年级的阅读水平、6 年级的数学水平或另外一些严重的知识缺陷。在中学管理者看来,后一种结果要好一些。正如卡罗尔·斯托金的观点,让高比率的学生留级在政治上是行不通的。因此设置了相应的标准,大部分学生保留在综合中学的要求不高的课程中,不需要特别的努力就可以毕业。综合中学因此成了教育停车场——其功能是让青年人暂时停留,避开十分拥挤的劳动力市场。

自动升级、自动升学,自然就产生了补课教育的问题。中学要花许多时间去做传统上由小学去做的事情。小学化的另一个根源是:教学内容和方式向小学靠拢。接着,某些大学也要花许多时间去做传统上由中学做的事情。社区学院就是最好的例子,在 20 世纪 80 年代初,它简直成了 13 年级教学机构,要承担一半以上从中学直接升学的学生的补课工作。其他的中学后教育机构,特别是公立四年制学院,还包括许多私立大学,都要花许多时间来做补课教育。结果是本科教育的中学化,大学以前的课程成了大学课程的一部分。

由于社区学院没有入学要求,许多四年制的公立或私立大学或学院也慷慨接纳,特别当入学申请者供不应求的时候,中学毕业生就有了第二次、三次、四次机会,在其他高等教育制度中简直不能想象。那些想上最好的大学的学生当然仍需要努力。而其他人则没有这个必要,他们都清楚这一点。他们即使学得很差,也仍然可以上大学。在大学里他还可以转学,因为本科和研究生都允许转学,并且有章可循。大量的机会有许多好处。最大的好处是有才能者就有机会成长起来,但坏处是中学生缺乏动机。似乎一个人以后总会有机遇在等着,甚至在进入大学许多年以后也是这样。

由于期望值太高,就必然要付出代价。普遍的中学教育的理想,并且体现于单一的综合中学——包括所有的学生和所有的课程,不允许一个人掉队,实际上对中学是一个巨大的负担。这种民主理想意味着大量艰苦的工作,要对极端多样化的人口进行教育并且都从中学毕业,要在由不平等的社会结构和种族歧视引起的社会冲突中,促成社区和社会的融合。但是美国中学的失败部分是期望值太高的结果:综合中学作为一种地方垄断形式,被要求服务于所有各种各样类型背景学生的利益,创造性地培养他们个人的能力,同时减少个体差异性。而且一当进行国际比较突出的学术标准时,例如苏联发射卫星树立科学教育的高标准的时候,与期望值的差距也就更大了。20世纪80年代初,则是因为日本的学校树立了更高的标准,期望值因此提得更高。要求美国学校既要达到新标准,还要做其他事情:包括要培养民主精神、要使得年轻人生活愉快、还要培养一流的足球队——最后一个使命甚至被成千上万的社区视为中学的首要使命。

第三节 高等教育问题与改革

一、20 世纪 80 年代美国高等教育面临的主要问题

1.传统大学生人数的减少及大学师生成分的多样化

由于在 20 世纪 70 年代性别平等及补偿行动计划获得了法律基础，进入 20 世纪 80 年代，师生种族、性别成分的多样化对大学原来的习惯运作模式提出了新的挑战。

同时，人口统计状况的变化迫使大学的管理者更加重视少数民族和其他非传统学生，以填补入学人数的空缺，维持目前教师、员工的水平。由于 20 世纪 80 年代 18～24 岁白人学生人数的减少（随着 1960 年以后人口出生率的下降，属于传统大学生 18～24 年龄段的青年人在 1978 年至 1993 年之间将减少 23％），大学不得不部分面向大量的少数民族学生，这些学生本来是不打算上大学的，许多大学制定了增加少数民族学生的计划。例如在加利福尼亚州，黑人和西语裔人把该州变成了少数民族州。在全美国，女生的数量也在稳步上升，到 20 世纪 70 年代末，女子已占全美大学生总数的一半以上。许多大学女生占了多数，形成了一支不可忽视的重要力量。25 岁以上年龄组的学生人数也增加很快，1979 年，36％的学生是 25 岁及 25 岁以上年龄段的。在年龄超过 35 岁的女生中，妇女几乎占了 2/3。部分时间制大学生的比重，1980 年达 40％，1985 年达 45％。

人口因素对高等院校的挑战是：在努力提高入学率的同时要保证和提高教育质量；在不影响学校自身特点及地位、声誉、使命的前提下，采取更加灵活多样的政策和措施。事实上，这些变化也迫使大学认识到一个关键事实：大学师生种族、性别和年龄的多样化最终是符合大学自身

利益的。

2.大学本科教育质量问题

美国中学毕业生教育质量问题影响到大学或学院的教育质量。据统计,从 1966 年到 1979 年,美国学院毕业生的标准化测试分数波动很大,研究生资格考试分数在大部分学科中都在下降。总的看来,学院里的测试分数已经有了相当程度的下降。

20 世纪 80 年代的大学教育质量问题主要是本科教育质量问题。波耶的报告(下面将介绍)就尖锐地指出,尽管美国高等教育的规模属世界第一,但在生计主义思潮的影响下,这个国家许多学院和大学本科显得黯然失色,它们与其说是获得提高本科生教育质量的成功,不如称之为发放学位的卓越成就,本科学院已成为问题成堆的机构。

从历史发展过程看,从 1960 年到 1975 年左右,由于冷战、经济和科技发展、人口、教育民主化等因素的影响,美国高等教育发展的重点在于数量的大扩张。扩张的结果是,教育质量受到相当的影响。到了 20 世纪70 年代末 80 年代初,由于经济不景气,国际经济竞争力的下降,大学毕业生在劳动力市场上相对饱和,传统大学生人数的相对减少以及新的科技革命对高素质人才的要求等,使得大学特别是本科的教育质量问题变得十分突出。另外,在高等教育大发展时期,生源、师资、校舍条件在不少院校难免是凑合起来的;大发展过后,也需要一段调整和整顿时期,也就是注重质量的时期。所有这些都使得大学教育质量问题如同中学教育质量问题一样得到人们的普遍关注。

3.其他部门的高等教育活动向大学提出的竞争和挑战

在美国,把大约 3 000 多所公立和私立非盈利的学院和大学也就是正规大学系统称之为第一教育部门,正规大学系统受到其他部门的高等教育活动的日益严峻的挑战。

第二教育部门,指盈利的学校。这些学校的学生人数大约是正规大学系统人数的 5%。

第三教育部门是指由公司、工会和部队等非教育部门所提供的教育和培训计划。据估计,第三教育部门学生数至少比第一教育部门多10%。美国公司每年花在培训雇员上的费用高达300多亿美元,几乎相当于美国所有高校一年开支的一半。企业办教育的一个趋势是向高层次发展,企业拿出巨资自己兴办大学。1986年已有18所企业办的大学。据《美国新闻与世界报道》周刊1986年2月10日预测,这种大学在今后50年将会有巨大发展。

除企业的高等教育活动以外,美国的军队也十分重视教育培训活动。据统计,美国军队每年用于教育和训练的费用高达500亿美元,超过企业职工培训的费用。

此外,还有第四教育部门,即电视、卫星等电子教育日新月异的发展。据预测,第四教育部门的学生入学人数以及财源消费将多于第一教育部门。

第一教育部门不能满足劳动力市场的所有复杂需要,也不能满足个人的所有需要,因此其他部门的教育将继续增长,在生源、财源和课程计划方面和第一教育部门开展竞争。第一教育部门将面临一种困境,即如何既保持自身的完整性和学术使命感,又要适应新的需求并应付其他教育部门的竞争。

4.大学科研存在的主要问题

20世纪70年代末80年代初,美国大学科研存在如下主要问题:

(1)年轻研究人员减少,科研能力受到影响。这主要是因为师资队伍更新太慢。在20世纪60年代和70年代初被聘的大量专业教师要到90年代或更迟一些时候才能退休,因而职位空缺不多。如果不采取措施鼓励青年科学家从事教育和研究生涯,美国同外国科学竞争及发展新兴科学的能力将会大大削弱。

(2)大学科研经费减少。从1968年到1975年,联邦政府拨给基础科研的专款,以美元不变价值计算不断下降,其主要原因是,国防和太空科研项目开支减少。科研经费的减少使得大学原来的项目难以为继。为了得到资助,大学可能放弃意义重大的科研课题,而寻求短平快的课题。

(3)大学的研究重点由基础科研转向应用科研。在 20 世纪 70 年代的十年中,大学的基础科研开支,以不变美元计算,增加了 20%,而应用科学研究的经费却增加了 74%。这引起有识之士的忧虑,担心从长远来看会削弱美国基础研究的实力,有损于各学科本身的发展及对社会产生的最终利益。

(4)一般大学研究经费、设备和条件较差。1978 年,按照联邦拨给科研和开发经费的数据,100 家名牌大学得到所有拨款的 80% 以上,这个比率在 20 世纪 70 年代大致保持不变。为此,1977 年福特基金会的报告中有 15 位大学校长的一封信,说明了问题的严重,要求增加一般大学的科研经费。

二、20 世纪 80 年代高等教育改革的主要方向

1.改革的中心目标:提高教育质量

质量问题是美国 20 世纪 80 年代高等教育的主要矛盾,具体来说,大学从如下几个方面来努力提高教育质量:

(1)大学为中等教育质量的提高发挥作用

中等教育质量的低劣在 20 世纪 80 年代,由于国际经济竞争败给日本、德国而遭到美国社会的广泛批评和指责。显然,要提高高等教育质量,首先要致力于提高中等教育质量。在这方面,大学责无旁贷,是与自身利益休戚相关的事情。为此,1987 年 9 月,以斯坦福大学校长肯尼迪为首的 37 位大学校长举行集会,专门讨论大学在普通教育改革中的作用。会后,他们在向全国大学校长发出的公开信中指出"大中小学教师都在从事同一个职业",因此,对于加强大中小学间的联系的重要性,"怎么估计也不会过分","如果大学不全面参与,我们国家就不可能实现中等及初等教育目标。"

大学与中学合作的具体方式有:召集大中小学联席会议,确定合作项目;大学敞开大门,为中小学教师进修提供方便;大学教师走出校门到中小学去,与中小学教师一道开展教学实验等。

当然,大学对中小学施加影响的最重要的途径,莫过于师范教育。《国家处在危险中》、卡内基特别工作组所写的报告《一个作好准备的国家:为 21 世纪培养教师》以及由 14 所研究型大学教育学院院长组成的"霍尔姆斯工作组"撰写的《明日之教师》等报告,都提出改革师范教育的许多具体建议。首先,它们都建议取消本科师范教育,建立教学硕士学位;其次,两份报告都建议建立更严格的教师从业标准,大幅度提高教师工资。

此外,大学校长们还建议通过提高录取标准来影响中学的课程设置。

(2)加强普通教育课程,纠正大学教育过于职业化的趋势

普通教育与专业教育的关系是近现代高等教育史上一直争论的课题。在新科技革命时期,赋予这种关系以新的含义。新的科技革命要求大学培养的高级人才不但要有精深的专门知识,还要有广博的知识;不但要有创造思维能力,还要有很强的动手能力。

但是,美国高等教育自大发展以来日趋职业化,这主要是因为受经济因素的牵制,学生受到巨大的就业压力。1984 年美国人文科学基金会发表了题为"重建遗产"的报告,强烈呼吁纠正大学中轻视文科的倾向。该报告指出,75%的美国高校不要求大学生掌握欧洲史,72%不要求大学生学习美国文学或美国史,50%不考查本科生的外国语。下面将提到的卡内基促进教学基金会主席波耶指出,"我们最主要的敌人是'割裂':在社会中我们失去了文化的内聚力和共性,在大学内部是系科制、严重的职业主义和知识的分割"。因此,他建议学生用更多的时间学习普通教育课程。

类似的报告还有很多,其结果是许多大学例如哈佛大学、斯坦福大

学、麻省理工学院等都相应加强了文理普通教育课程。

2.增加大学基础科研投资,促进交叉科学研究

1975年以后,美国大学科研专项拨款逐年回升,从1975年到1979年间,以不变美元计算,共增加了24％。进入20世纪80年代以后,美国大学科研投资特别是基础科研投资取得更大进展。从1981年开始,联邦政府改变了对基础研究、应用研究和开发研究资助的比例,基础研究的资助比例从27％增加到38％。同时,对开发研究资助的比例却从42％下降到27％。1981年到1985年,联邦对大学的基础研究资助增加了26％,其中以物理、天文和宇宙空间科学研究的资助增加得最多。

1986年2月,白宫科学专家小组经过18个月的调查研究,写出题为《美国大学和学院的健康发展》的报告。报告指出"美国的强大有赖于大学的科研"。实际上,1986年全国科研和开发经费创20世纪60年代中期以来的最高水平,达1 220亿美元。1987年又比1986年增长了16％,占联邦预算总额的6.3％。大学基础研究经费占联邦民用科研开发资金总额的20％。

白宫科学小组还认为,未来最令人兴奋的研究工作往往在传统学科的交叉领域中,因此联邦政府应该提供资金在大学建立跨学科研究中心。自1985年起,联邦政府已在大学建立了11个跨学科的工程学中心,取得初步成效。

3.进一步规范与加强与经济界的联系,发展直接为社会服务的职能

进入20世纪80年代,美国经济面临强大的国际竞争。要提高产品的竞争力,最重要的是解决技术转让问题,把科研的最新发现尽快转变成产品和服务。在新的科技革命的条件下,也就是如何把电子科学、计算机科学、材料科学和生物技术等学科领域的新发现迅速成功地转让给制造商。

但是,与企业的合作和技术转让也具有很多风险和矛盾,主要有:

（1）工商界对大学研究的资助大都金额小、期限短，这样就可能迫使大学教师从事应用性更强而基础性较弱的研究项目，因此使大学偏离自己的优势和使命。

（2）工商业界希望独家享有技术专利，获取最大利润，因此希望保守秘密。这与大学研究的核心原则——学术自由是直接相背离的。

（3）由于高校经费短缺，越来越多的高校把为社会服务看作获取经费的重要渠道，这使得高校出现了商业化的趋势，给高校内部以及高校与企业界的关系带来了复杂问题。

（4）高校为经济发展服务也可能对教学产生一定影响，因为可能造成部分教师流失，教师的精力分散等。

因此，美国许多高校认识到，开展直接的社会服务不能牺牲学术价值，而应该以具有学术价值的教育计划为基础。实际上，就是要遵循两条原则，高校为企业开展研究开发服务时，一要有利于基础科学的发展，二要有利于学生的教育。为此，许多高校对教师服务企业的时间、专利权、收入分成等都作出详细的管理规定，使得直接社会服务的职能更加规范化，得到更加健康的发展。但无论如何，大学与工业合作，能够提高工业创新能力和工业的竞争力，同时大学的教学与研究也更加贴近工业的实际，总的来看，符合双方利益。只要扬长避短、相互适应，是充满希望的。

4.20 世纪 80 年代管理体制的改革趋势：联邦大学时代转向州立大学时代

从第二次世界大战开始，联邦政府对大学科学研究的资助成为大学特别是著名大学的主要财源。例如 1973 年，联邦对麻省理工学院的研究资助占该校研究开发经费总额的 85%。但进入 20 世纪 80 年代以后，情况发生了变化。里根政府实行"还权于地方"的政策，以减少联邦政府巨额开支负担。美国著名高等教育家克尔认为，联邦大学的时代结束了，州立大学时代开始了。

例如根据 20 世纪 80 年代中期的一组统计数字,美国州立大学的经费来源比例是:联邦政府占 11％、州政府占 64％、学生学杂费占 25％。此外,在 20 世纪 80 年代,许多州都增加了高等教育经费。以 1987—1988 年为例,州高等教育经费比 1985—1986 年增长了 11％,扣除通货膨胀率后净增长 5％。

各州还积极促进高等教育为本州经济发展作出贡献。例如 1987 年全国州长联合会的一份报告指出:"虽然大学的主要使命是教育而不是协助工业,但是州立院校必须在本州帮助企业发展的计划中起关键作用。"为此,报告建议各州改革科研经费分配办法、资助大学购置和维修科研设备、资助和促进大学教师与企业科研人员之间的交流。

州作用的加强也带来一些问题,例如一些大学担心会丧失自主权。此外,州政府的统一规划管理可能会削弱大学的特色、增加大学的同一性。但总的来看,州对大学加强管理有可能使大学更好履行绩效责任,从而增强大学对社会和企业的适应性,为地方经济发展作出贡献。

三、1986 年 11 月卡内基促进教学发展基金会报告《学院——美国本科生教育的经验》

在高等教育改革浪潮中,如同中学教育的改革一样,也发表了许多推波助澜的重要报告。比如:教育平等计划;大学入学考试委员会提交的报告《进入大学的学术准备:学生需要知道什么和能够做什么》;1984 年,"提高美国高等教育质量所必须具有的条件研究小组"向教育部长和国家教育研究所所长提交的题为《主动学习——发挥美国高等教育的潜力》的报告;商业—高等教育论坛提交给美国总统的报告《美国的竞争性挑战:需要全国作出回答》等。

在这些报告中,由卡内基促进教学发展基金会组织研究、以该基金会主席波耶名义发表的《学院——美国本科生教育的经验》,内容十分翔实、丰富,是了解美国大学教育尤其是 20 世纪 80 年代美国本科教育不可多得的第一手材料。为此,以下对其内容作一扼要介绍,以获借一斑知全豹之功。

报告在序言中提出美国本科生教育中存在如下八个方面的问题:

1.从中学到学院的过渡:中等教育与高等教育之间衔接不好。课程不衔接,大学教师对学生的期望与新生的学术准备之间存在矛盾;大学入学指导也不恰当,中学到大学的过渡是无计划的、混乱的,学生对录取程序不满、对录取要求不明、对日益升高的学费感到苦恼。

2.教育目标与课程:教育目标混乱;许多大学本科生学院由于争抢学生以及为市场需求所驱使而失去了使命感,学科变得支离破碎。此外,强调技能训练的狭隘的职业主义统治校园,文理教育受到削弱。

3.教师工作的重点:教师的教学、科研职责之间的矛盾;教师职业发展的竞争,年轻教师职业前景不妙,教师流动机会有限,部分时间制的教师越来越多。

4.教学状况:课堂中一致性和创造性之间的冲突。学生学得被动,许多教室中缺乏生动的思想交流。问题是:在大众高等教育时代,学生是否可能成为独立的、自我指导的学习者? 教师如何改进教学以鼓励创造性和批判性?

5.校园生活的质量:校园中学术生活与社会生活的相互隔离以至完全割裂。许多教师远离学生生活,而且对他们在非学术问题上的职责感到含糊不清。

6.学院的管理:在如何管理大学上意见不一致。学院校长们陷入了相互冲突的压力网中,教师们经常感到,较之他们所从教的院校,他们更忠于自己的学科。

7.大学教育成果的评价:逐课评价的结果不能反映大学整体的教育质量,很少有对整体教育质量评估的方法。问题是:怎样根据学院的目标来评价学生的成绩? 除评分外,有没有别的评价方法?

8.校园与外部世界的联系:在大学和外部大世界之间存在着一条鸿

沟。许多高等院校封闭狭隘,在学术和社会方面的孤立导致学院教育效果的降低并限制学生的视野。

针对上述问题,报告进行了大量的调查研究,从学生的角度分七编共十八章进行详细的描述和论证,对存在的问题进行了深入的诊断分析,提出了许多中肯的建议:

1.提供更有用的信息,帮助学生从中学过渡到高等教育。改进评价方法。不仅要评价学生中学课程的成绩,而且要评价学生其他方面的才能。

2.学院在考虑学生个人爱好的同时,必须使全体学生明确他们应得的知识和社会价值。既要帮助学生成为独立自主的人,又要将社会利益置于优先地位。学校有义务教育学生对知识和生活有一种趋向于更加统一、更加一致的观念。

3.加强新生的入学教育,使他们了解学校的历史、特点和使命。同时,认真考查、评价新生的阅读和写作能力。

4.应该对学生进行普通教育,内容包括七个方面的统一课程:语言、艺术、传统(活着的历史)、社会知识(公共机构)、自然科学、工作(职业价值)、思想(人生意义的寻求)。

5.丰富学生的主修课。不仅使学生对一个领域的学习有深度,而且能够展望该领域的前景。丰富的主修课包括三方面内容:某一领域的历史和传统、该领域的社会经济影响、需要解决的理论和道德问题。

6.明确教师的工作重点。在每一个研究型大学中,教学应与研究一样成为提升和聘任终身制的重要依据,不仅要设立著名研究教授职位,而且应该设立著名教学教授的职位。在以本科生为主的院校中,应当将教学而不是研究放在优先地位。

7.改进课堂教学。在班级中组织小型研讨会,鼓励学生对学科进行探讨,发现、发展他们的智力和创造力。举办学生评价教师的讨论会,帮助教师改进教学内容和方法。

8.充分利用现有学习资源,如图书馆、计算机、实验室等,引导学生开展独立的、自我指导式的学习。

最后,在结语"优秀学院指南"（供学生和家长参考）中,提出了衡量大学本科教育质量的一些标准：

1.学院与中学的协调程度。学院是否愿意平稳地实现从中等到高等教育之间的过渡,一所好的学院实行的招生和选拔目的在于最有效地为学生的利益服务。

2.一所优秀的学院应该有明确和重要的任务作指导,建立共同的学习目标和核心学习课程,和以学生为中心的学习指导。

3.一支良好的教师队伍是办好一所优秀学院的关键。在研究型大学中,是否将良好的教学视为与研究工作同样重要,并在晋升、提薪、奖励方面表现出来？是否安排适当的假期、基金改进教师的教学实践等。

4.好的本科生教学鼓励学生积极主动地学习而不是被动地学习。课堂教学质量和效果良好。鼓励师生之间除办公时间外广泛地交流和接触。

5.图书馆和教学工具如计算机在教学中的地位和作用发挥的程度也是一个重要的指标。图书馆是否起着比阅览室更重要的作用,是否鼓励学生在图书馆学习等。

6.优秀的学院将学术活动和非学术活动紧密联系起来,因为学院为学生走向生活作准备,课堂的讲授内容首先应该适用于学校社区本身。因此,学校有没有组织周密的各种校内活动——讲座、讨论会、辩论会、音乐会等也很重要。此外,食堂、宿舍服务与生活质量也十分重要。

7.一所优秀的学院要声明为他人服务是教育的核心,学校鼓励所有的学生参与义务活动。

8.一所优秀的学院应具有有效的决策管理。教师和行政管理人员的距离应该缩短,学生也应是积极的参与者。

9.一所高效率的学院应通过各种方式扩展和鼓励学校的多校化,要避免隔绝,发展适应新模式(学习化社会)所需要的课程,如校外实习、外国研究课程等。

10.优秀的本科生学院关心它的培养效益,为学生提供就业指导和密切注意他们的就业情况。学生能够清晰地思考、知识广博、能够综合运用所学到的知识,毕业后能够理解到工作的神圣,敢于承担风险,看到所学知识和如何生活之间的联系。

第六章 21 世纪的美国教育

第一节 21 世纪的美国社会

美国社会在迈向 21 世纪之时,正经历着重大的变化,这些变化来势之迅猛是许多人所始料不及的,这些变化可能在今后 50 年深刻地影响美国社会生活的方方面面。美国社会的这些重大变化无疑将构成对美国教育的严峻挑战,当然也为其发展提供无限的机遇。

一、一代新人正走上社会主导地位

一代一代人的交替是不可抗拒的规律,一代一代人的交替会给社会带来超出人们通常所能意识到的巨大转变,这是人类社会的显著特征,而在美国社会这一特征更为突出。第二次世界大战以来长期主导美国社会政治、经济和文化生活的老一代正在淡出历史舞台。或许我们可以称他们为"新政一代"(出生于 1911—1926 年)。他们经历了美国的大萧条时期,看到了罗斯福政府通过实施新政,扩大政府调节功能,渡过难关;随后他们又经历了美国战后的辉煌,他们打赢了二战,享受到了战后政府在人权、基础设施、教育和科学等方面大力投资所产生的丰硕成果,他们甚至最终看到了冷战的结束。因此,他们笃信美国第一、美国制度和强有力的政府。但是,无可奈何花落去,到 2000 年他们将仅占美国选龄人口的 8%。

美国 21 世纪上半叶是"婴儿激增一代"(出生于 1946—1964 年)和"X 一代"(出生于 1965—1978 年)的天下。前者在成长过程中有过若干痛苦和迷惘的经历,他们目睹了自己所崇拜的肯尼迪总统遇刺,在他们心灵中留下了抹不去的越南战争阴影,水门丑闻动摇了他们对美国制度的信念。但同时他们也深受若干社会运动的影响,他们参加过校园的各种争取民权的抗议活动,以及各种保护环境的抗议和活动。可以说,陷入弹劾危机的美国总统克林顿是这一代的佼佼者,他代表着这一代的追求、理想和雄心,他的行为也反映了这一代人在道德和行为准则上的冲突与困惑。他的"打不倒"在一定程度上反映出这一代人已在美国社会中起了一定的主导作用。他们这一代人的典型特征是,既反传统,不相信传统制度、文化和价值观念,又有一定的理想,相信通过集体的行动可以逾越传统的障碍而实现自己的理想。

"X一代"是21世纪上半叶美国真正的主人。他们的成长经历决定了他们的生活哲学,他们对社会已确立的一切都持质疑态度,都要寻求自己的答案,也许这就是他们被冠以"X一代"的原因。他们成长的时代是美国自大萧条以来经济最不稳定的时期,政府财政赤字红灯长明不灭,社会犯罪率居高不下。他们的家庭空前的不稳定,他们中许多人都有父母离异的痛苦经历。上一代社会的标志特征——社会抗议活动似乎也已一去不复返。这一切决定了"X一代"在种族关系、社会多样化和性道德(包括同性恋问题)等问题上持比较宽容的态度。而在犯罪和离婚等问题上则相当保守。由于他们没有经历过社会运动所带来的社会变化,他们在对待"社会理想"上,常常表现出冷漠,甚至嘲讽,他们对政治不感兴趣。据调查,年轻选民投票率在过去30年中下降了20个百分点。与30年前相比,关心政治经常读报的大学一年级学生的数量下降了一半。同时由于目睹了政府的无能和低效,他们更相信自己,依赖自己去创业,他们比"婴儿激增一代"更相信,只有通过自己的努力才能够得到自己所要追求的东西。但是在以下三个问题上他们却持非常积极的态度。首先他们非常关心教育,因为教育水平与收入的关系比以往更加密切,不终身学习就无法跟上科技革命,就无法创新业;其次他们极关心环境问题,他们对环境问题的态度比上一代更认真,他们把环境问题与个人生活质量密切联系起来;再次,他们非常关注自己所生活的社区,他们不关心政治、选举或投票,但他们关心社区家庭生活的稳定,环境的清洁和社区的安全,因此他们乐于为自己的社区拿出时间作出贡献。

"婴儿激增一代"和"X一代"的生活理念必将统治21世纪上半叶的美国,影响美国教育发展和改革的方向。

二、郊区化趋势继续发展

19世纪末20世纪初人口的流动是从乡村到城市,在又一个世纪交替之时,则是从大城市中心区流向郊区,郊区化的趋势延续至21世纪,影响21世纪美国社会的方方面面。

二战后,随着美国大兵返回美国本土和婴儿激增,郊区化加速。在过去30年,虽然婴儿激增时期过去了,但是郊区化并未停下来。城市中心区的犯罪,公立学校的每况愈下,以及环境的污染等把中产阶级一批又一批地从城市赶到了郊区。甚至美国黑人在实现了美国梦成为中产阶级之后,亦步白人中产阶级的后尘,从城市迁移到郊区。据统计,在1960年,美国典型的大城市芝加哥市的选票数占其所在州全州选票数的35%,芝加哥市郊的选票数则仅占全州选票数的20%。到了1996年,情况则完全颠倒过来,芝加哥市的选票仅占全州选票的20%,而芝加哥市郊的选票则达到了全州选票的40%。其他多数州的情况也都大体如此,美国众议院议员地区来源的变化就说明了这一点。25年前,选自城区、郊区和农村区的众议员人数大体相当,而今天来自郊区的议员比来自城市区的议员多一倍,比来自农村区的议员多两倍。

由于美国新经济的发展,可以预见21世纪郊区化的趋势会更加剧,在21世纪,美国的郊区将不再仅仅是美国中产阶级的花园式居所,而且还是美国人工作的主要场所,如前文所述,许多人将在家靠计算机工作,同时许多高知识含量无(或低)污染的高新技术产业为了吸引人才也会设在郊区。当然,伴随着郊区化趋势的发展,大量服务业也会移向郊区。实际上,美国郊区的这种发展现在已明晰可见。

三、家庭结构和人口构成发生重大变化

美国家庭结构和人口构成正发生重大的变化,这些变化将对 21 世纪美国社会产生重大影响。

第一,家庭结构的变化。1950 年 78％的美国家庭由已婚夫妇构成,而今天已婚夫妇的家庭仅占家庭总数的 54％。1950 年有小孩的已婚夫妇构成的家庭占家庭总数的 43％,而今天已降到了 24％。1950 年已婚夫妇有小孩的美国家庭有 93％,而今天则下降到 73％。可悲的是这些变化正在以正加速度发生。1970 年,85％的儿童与他们的双亲生活在一起,而今天只有 68％。同期,从未结婚的成年人占成年人总数的比例从 11％上升到 24％;成年人第一次结婚的平均年龄上升了 4 岁;离异的人数占成年人总数的百分比翻了两番。美国人口调查局预测,到 2010 年,美国夫妻构成的家庭将仅占家庭总量的一半,有小孩的夫妇构成的家庭仅占所有家庭的 20％,占有小孩的所有家庭的 72％,有小孩的家庭加在一起也仅占家庭总数的 25％。

第二,美国人口在不断老化的同时,18 岁以下青少年的人数在不断增加。今天,美国人口的 12％在 65 岁以上(含 65 岁)。根据美国社会保障局的估计,到 2050 年,美国年龄在 65 岁以上(含 65 岁)的老年人将占到人口总数的 20.8％,许多人认为,这一预测过于保守了。但与此同时,美国 18 岁以下青少年人数在 1997 年达到了 1966 年婴儿激增时代结束以来的最高点。据预计,这一增势会持续到 21 世纪中,到 2050 年达到 9 000 万人,而今天只有 7 000 万,增加的青少年人数 90％是由移民(主要是拉美和亚洲移民)大量进入美国所致。

第三,美国人口构成日趋多样化,少数种族在人口中的比例呈不断上升之势。美国 20 世纪 20 年代中制定了严格的移民法,在此后 40 年中,在国外出生的美国人占人口总数的百分比不断下降,到 1964 年达到历史的最低点,仅占 5％。1965 年以后,由于移民法的变化,大批移民开始涌入,到今天,在国外出生的美国人已比 20 世纪 60 年代翻了一番。今

天纽约市 1/3 的人口为在国外出生的,1997 年美国西语裔儿童数已超过黑人儿童。这种趋势在 21 世纪上半叶会加速发展。(见下表)

美国人口种族构成统计(%)

	1997 年	2000 年	2025 年	2050 年
白　人	72.97	71.80	62.40	52.80
黑　人	12.11	12.20	13.00	13.60
西语裔人	10.71	11.40	17.60	24.50
亚　裔人	3.50	3.90	6.20	8.20
印第安人	0.70	0.70	0.80	0.90

家庭结构和人口构成的变化将对美国社会产生难以预计的影响。且不说在国家发展方向、发展战略、生活方式、社会道德、价值和伦理准则、文化等方面的深刻影响,仅就教育而言,无疑将使其面对严峻的挑战。儿童数量大量增长,需要更多的投入,但是一个需要不断加强社会保障体系的老龄化的、由许多无子女家庭构成的社会愿意给学校教育以更多的投入吗?不管社会如何变化,社会的未来总在儿童。但是,在 21世纪,美国的未来在很大程度上将取决于来自贫困的移民和少数种族家庭的儿童,美国的学校教育能使他们掌握现代社会所必需的知识和技能,摆脱贫困,撑起美国的明天吗?

四、信息技术影响社会生活的方方面面

近年来,以信息科学技术为代表的高新科学技术发展迅猛,它们正在使美国发生着日新月异的变化。前面已提到它们在美国形成了新经济,我们还可以毫不夸张地说,新技术还影响了美国社会生活的其他方方面面。在美国,电脑真正走入千家万户始于 20 世纪 80 年代初,在不到 20 年的时间里,家用电脑的普及率已达 45%,电脑正在改变着人们的生活方式、思维方式。家庭电脑的普及、学校的互联网和信息技术在教育中的应用为教育开辟了前所未有的前景,对教育的观念、形式、课程、教材和教学方法等各方面产生深远的影响。

第二节　21世纪的美国教育

美国社会迅猛深刻的变化反衬出美国教育的发展与改革严重滞后于社会的需求。1983年美国发表的题为《国家处在危险中：教育改革势在必行》的报告反映出美国公众和政府对教育现状的不满。以这份报告为契机，美国开展了本世纪以来持续时间最长、目标始终如一、影响最为广泛的改革。改革已历时15年，但是改革的结果仍不尽如人意，正如美国一位教育家所指出的，美国仍旧是一个处于危险中的国家，高中学生只有1/3阅读能力合格，数学过关的只有16％，与15年前相比，没有实质的进步。因此，我们可以预计，美国教育改革还会持续进行，改革航船的目标已确定，航图已绘出，正开足马力，驶出平静的海湾，进入21世纪波涛汹涌的大海。

一、对教育质量和平等机会的全面关注

在20世纪六七十年代，由于经济发展的需要以及民权运动等种种原因，美国教育发展的重点在于提供更多的教育机会，在于量的增长。到了20世纪80年代，提高教育质量的呼声迭起，实施优质教育的努力一直持续到20世纪90年代。那么，到21世纪初期，美国教育改革的重点将是对教育质量和教育机会的全面关注。

在联邦的资助计划中，既有以增加入学机会为基础的，也有以提高质量为基础的，但近年来看到的更多是二者并举的，即通过改进少数民族、低收入等劣势群体的教育从而提高整体水平。例如，1998年2月副总统戈尔公布了一项6亿美元的改进拉美裔美国人教育的行动计划。该计划是以高标准和学校改革为基础的，它的口号是"对所有学生提出高标准"。该计划包括在已有拨款基础上增拨3.93亿美元资助少数群体的教育（该项资助受益者的32％是拉美裔美国人）；6 600万美元用于培训

2万名教师,使他们能够在学校教学生英文或帮助成年人学习英文;3 000万美元用于改造辍学率高的学校;6 900万美元用于帮助劣势群体青年在大学获得学业成功;6 000万美元用于改善移民青年和成年人教育项目。

由于21世纪国际经济竞争将变得更加激烈,而且美国在世界政治、军事、科学和技术领域的霸主地位将受到更大的威胁,因此,美国在21世纪将继续关注教育质量的提高。为了在日趋激烈的国际经济竞争中提高竞争能力,产品和服务必须提高质量,同时降低成本。高质量的产品和服务依赖于高水平的人才,而高水平的人才又依赖于高质量的教育。

由于教育水平低下而阻碍经济发展的问题在美国已经得到日益充分的认识。美国波音飞机公司为了完成新增加的订单在1997年增加了1.21万名装配工,其中8 000名从看图到铆接的各个方面都需要培训。据美国《培训》杂志的调查,20%的公司说他们需要教新雇员阅读、写作、数学或英语。这些功能性文盲中的67%拥有高中毕业文凭。因为缺少合格劳动力而陷入困境的企业不仅是制造业,还波及到金融、服务、交通等行业。尽管美国国内仍存在失业者,但是可雇佣的人却在迅速减少。熟练工人的紧缺使人们看到教育质量存在的问题。

在蓬勃兴起的知识经济中,知识和技术的含量越来越高,因而对教育质量的要求也将随之提高,所以企业界将更加关注教育质量。《2000年目标:美国教育法》在教育质量上提出六个目标。该法的四部分战略是为了提高教育质量的具体措施,它们包括为今天的在校学生建设更好的、更负责任的学校,为明日的学生建立新一代美国学校;要求昨日的学生、今日的劳动者"回到学校中去";建设学习的社区。这些目标是有挑战性的,在公元2000年还达不到这些目标,但是努力不会停止。

民主化是21世纪社会的一个重要趋势,民主素养对未来社会的发展将变得十分重要。只有通过民主的过程使每个人可以充分表达他们对社会未来的期望和看法,这样的社会才可能在和谐的气氛下凝聚出共识。每个人都有足够的参与感才会愿意为社会的未来作出最大的贡献。

自由和民主一直是美国人民努力奋斗的目标。民主的公民是民主制度的保障。民主意味着民众有渠道参与决策活动。参与民主生活的重要条件是有知识、有理性、有交流能力、有自信心，这些都要依靠教育来培养。教育的民主化是国家民主化的必由之路。给劣势群体提供教育机会是促使他们民主地参与社会生活的开端，因此提供教育机会是美国社会努力的目标。

　　在政府资助少数民族的计划中有一些是为了让少数民族进入某些特定领域的，例如政府、司法、医药卫生、教育等。在主导领域中如果没有少数民族的代表，则很难有有利于少数民族的政策和措施。让更多的少数民族进入主导领域是鼓励少数民族学生接受高等教育的重要原因。

　　尽管美国还不是一个平等的社会，但是美国教育民主化取得的成绩是有目共睹的。美国的教育机会问题更集中体现在接受高等教育的机会上，而且是进入竞争性大学的机会问题上。高等教育系统中的社区学院以及大量的市立或州立四年制学院都仅收较低的学费（还有各种形式的资助和贷款计划），而且大部分是开放入学，所以只要想上大学，基本上都可以找到相应的院校。劣势群体学生真正难以进入的是那些高选拔性大学，主要是研究型大学和授予博士学位的大学，因为它们的录取标准较高，同时学费较高。劣势群体学生在这两方面都有劣势。这就是美国教育机会问题在新时期的特点，即劣势群体的学生难以进入高选拔性大学。美国的高等教育资源集中在少数高选拔性大学，而劣势群体的学生多数集中在社区学院等资源较少的院校，这显然是不公平的。

　　如何增加劣势群体学生进入高选拔性大学的机会？未来的发展趋势是提早下手，在中小学阶段就设法提高这些处境不利儿童的学业成绩，使他们在高中毕业时有同等的竞争能力。由于经济条件差、父母教育程度低等种种原因，少数民族和低收入家庭学生在中学的学业成绩较低，而辍学率较高（由于文化传统等原因，亚裔学生例外）。这使他们在申请进入高选拔性大学时在学术能力方面有劣势。改进的措施在传统上是在大学招生政策上给这些学生优先权（所谓"肯定行动计划"），事实上效果不理想,因为他们中的许多人进入大学以后的学业成绩不能令人满意。现在这种招生上的优惠政策仍在实施(在三个州已经停止),但同时开始了新的努力,即从中小学阶段就改善他们的学业成绩。这也是未来的发展趋势。

联邦和许多州都有这种项目,其中比较有代表性的是克林顿总统在1998年2月公布的一个计划,名叫"上大学有希望"。该计划将拨款1.4亿美元,其目标是鼓励年轻人树立远大的目标,留在学校里并努力学习,然后上大学。该计划力图改善低收入社区中大学和中学的伙伴关系,这种伙伴关系将给学生以辅导、支持和帮助,自六年级或七年级开始,直到中学毕业。该计划的目的是在早期就让学生和家长知道上大学并非可望而不可即。该计划准备在五年内帮助3 000所中学的100万名学生。这是联邦政府提高低收入学生的中学毕业率并帮助他们上大学的新举措。联邦扩大教育机会的努力已经延伸到了中学。虽然社区学院对学生的入学很少限制,但是如果一个少年中学都不能读完,是无法上大学的。

美国西部州际高等教育委员会预测,到2001年公立学校高中毕业生中各民族所占的比例,与1996年相比,美国印第安人将由0.9%上升到1.1%,亚裔将由4.4%上升到5.1%,黑人不变,拉美裔将由9.5%上升到11.1%,白人则将由77.2%下降到69.6%。

提高劣势群体学生在中小学的学业成绩将是一项十分艰巨的任务。美国中小学教育是免费的,人人可以入学,不存在入学机会问题。但是,不同学区之间的教学质量相差悬殊,主要原因在于经费的差距。生均教育经费在不同的州之间可能相差数倍。例如,1990—1991学年,华盛顿特区的生均教育经费为9 259美元。而犹他州仅为2 960美元。学校教育经费的44%来自所在学区,49%来自州政府,6%来自联邦政府。由于各州的税收不同,所以在各州之间有生均经费的差异。在同一州,甚至同一城市,各个学区的教育税收不同,所以在学区之间造成生均经费的差异。学区的教育费用主要来自财产税,例如房产。在富人居住区

(郊区)和穷人居住区(城区)之间,财产税的收入相差很大。城区的学校由于经费少,所以教学设施差,教师质量低(由于工资低,很难吸引到好教师)。在城区居住的多数是低收入家庭和少数民族家庭。如何改善他们子女的教育是一个很难解决的问题。社会的不平等造成教育机会的不平等,教育机会不平等的问题必将伴随着美国步入 21 世纪,质量与平等问题将是 21 世纪美国教育的主要问题。

二、改革教学适应信息社会的发展

美国未来学家约翰·奈斯比特认为美国早在 1956 年就进入信息社会,其标志是白领工人的数量超过了蓝领工人,大多数人的工作是处理信息,而不是生产产品。随着信息社会和知识经济的逐步成熟,教育系统需要作出相应的反应,以适应新时代的要求。信息技术的进步给教学过程的发展提供了前所未有的前景,与此同时,信息社会对教育系统提出了新的要求。教育不仅要有效地传授知识,更重要的是,教育要传授获取知识的技能。同时,教育还应提供判断事物的标准,使人们不至于在瞬息万变的大量信息中迷失了自己。

1.教育机构中的信息技术建设

美国的学校一向重视利用现代教育技术,投入了大量的资金。将来,教育技术的应用将更加广泛,技术设备将更先进,数量也会增加,以使更多的学生受益。

目前美国人正在大量投资以增加中小学拥有计算机的数量,并实现计算机联网。全国的地方学区每年用于新技术的开支达 40 亿美元。联邦政府提出一个目标:在 2000 年把全国的每一间教室和每一座公共图书馆连接到因特网上。联邦通讯委员会已经筹集了 22.5 亿美元帮助学校和图书馆支付用于上网的费用。到 1998 年 3 月向这个资助计划提出申请的学校和公共图书馆已达 3 万个。联邦教育部 1998 年的中小学教育技术拨款比往年又有增长。这一年主要有两个资助计划:"技术教育挑战拨款计划"(1997 年为 2 亿美元,1998 年为 4.25 亿美元)和"技术挑战拨款计划",这些资金将下发到学校用于教育技术的改进。1998 年的资助重点在于教师的专业培训。

与此同时,电信和电脑公司也在向中小学贡献资金、技术、硬件设备和服务。1996 年 3 月以来仅通过 3 个"网络日"成千的志愿工作人员就帮助 40 个州的 3 万所学校连入了因特网。通过各个方面的努力,在 21 世纪中期把每间教室连入因特网的目标是可能实现的。

在大学里信息技术的应用要比在中小学广泛得多。现在越来越多的学生在进入大学以前就已受过使用计算机的教育,因为所有的中小学都有计算机,而且计算机已从计算机房移到了教室,学生动手操作的机会增加了。此外,美国 45％以上的家庭拥有至少一台计算机。这意味着上大学的学生有使用计算机的经验,他们对使用新技术没有不舒服的感觉,而且他们希望有机会使用计算机。

大学校园网发展迅速。到 1996 年 90％的大学有自己的校园网。从因特网诞生时起许多大学就与它相连了。大学生们已经领略了电子邮件的乐趣,不管是用于教育目的还是用于与家人和朋友通信,越来越多的学生家长定期使用电子邮件就是要和孩子保持联系。

在美国教育协会 1996 年的学院趋势调查中,被调查的大学的半数报告说在过去 10 年中最重要的变化是越来越多地使用新技术,无论是用于教学还是用于管理。随着计算机技术和通信技术的发展,大学利用信息技术的步伐还会加快。

2.信息技术的应用将给教学带来变化

21 世纪教师的教学和学生的学习将发生怎样的变化? 21 世纪教什么? 教给谁? 怎样教? 在什么地方教? 学生学习的重点是什么? 哪些分析工具是必需的? 学生怎样获取信息? 如何传播自己的信息? 技术与教育的结合提供了新的机遇,教育者要以全新的方式思考这些问题。基本的教育过程将不会随信息革命而改变,将改变的是教师和学生如何完成教育任务。

(1)学习重点的变化:由知识到能力

在"知识爆炸"的时代,信息在以惊人的速度增长。近 30 年所产生的信息多于过去 5 000 年所产生的信息。目前每一天,甚至每一小时,都有大量的信息进入因特网。在这样一种信息迅速膨胀的环境中,学生必须成为信息的探索者和发现者。教师将成为领航员,为学生在全新的、未知的领域中探索导航。

在信息社会里信息是极为重要的教育资源,那么获取信息就变得非常重要了。虽然不通过计算机也能获得信息,但是有了计算机,获取信息就变得更加快捷、容易了,可获得的信息也变得更多了。事实上,计算机正在成为通向各种丰富信息资源的最重要的大门。学生越来越需要查找和评价网上信息的能力和训练,否则他们将无法获得重要的信息资源。

学生掌握发布信息的技术也是十分重要的。现在,学生通常把作业和论文交给老师,老师打分并加上评语返还给学生。在这种情况下,学生的论文一般不能与其他同学共享。利用新技术,学生可以把作业放在个人的网页上或者放在公用活页夹里,这样不仅可以和教师、同学分享,还可以和全世界有共同兴趣的人分享。

在美国,过去很长一段时间里,学生曾被看作是空的容器,等着教师把知识灌进去。这个过程所涉及的角色是很清楚的:教师呈现知识,学生吸收这些信息并把它变成自己的知识基础的一部分。进而,只要这些新的信息变成学生知识基础的一部分,它就可以被用于高级、复杂的思维活动,而且在新的、不同的环境中和不同的要求下,学生会自动地运用这些知识。今天,教育心理学家已经发现上述假定是错误的。在把新的信息转化成有意义的知识的过程中,学生必须是积极参与的。要完成高级的思维任务,学生需要学习如何获取知识、综合知识以及运用知识。同时,学生必须学习在新的、不同的环境中和不同的要求下如何运用以往的知识以完成新的思维任务。

信息社会的特征将使教学的重点发生变化。在信息时代,学校不可能教给学生所有的知识,而必须教给学生获取、处理和传播信息的技能,以及实际生活中必需的思维技能(例如对比、分析、推理、分类、归纳,以及论证、评价、得出结论、解决问题、树立目标等更综合的思维能力)。"学习如何学习"将是 21 世纪学生的一个主要任务。教师不会再试图把各色俱全的、百科全书式的综合知识教给学生,相反,将教给他们学习的能力和思维的工具。这样,不管学生将来从事什么工作,他们都用得着这些东西。

未来最重要的发展将是强调分析信息、综合信息和应用信息的能力,重视认知能力的发展。高度发展的认知能力将是未来工作中最重要的素质。

(2)学习时间和学习场所的限制将减少

学生学习一定要到学校里吗?由于信息技术的广泛应用,教育服务可以延伸到学校以外,学生的学习受到时间和场所的限制将越来越少。

传统的大学把重点放在校园,"上大学"意味着到大学里上课,而且通常住在大学宿舍里。这种教育很受时间和地点的限制。通信、计算机和网络技术扩大了传统大学的延伸范围,使学生能够把在学校面对面的学习经历和网上学习经历结合起来。利用信息技术,低成本、高效益的远距离教育成为现实。学生可以在家中、在工作场所、在图书馆"上学",也可以在一所大学选修另一所大学的课程。

今天,高校在利用信息技术提供继续教育、本科和研究生课程、成人教育、合作培训、教师在职培训以及其他服务。将来,利用因特网有可能把更多的教育重心从学校转移到学生,终身教育的理想将成为更多人的现实。

远距离教育对于"非传统学生"有特别重要的意义。"非传统学生"是指年龄在传统大学学龄(18~24 岁)以上的学生,他们多数有工作,只能做部分时间制学生,其中一些人已经有了家庭,甚至有了孩子。美国高校中非传统学生所占的比例将越来越高。非传统学生的教育需求的特点是他们越来越多地寻求不受时间、地点和进度限制的教育课程。此外,他们迫切需要与他们的工作密切相关的学习内容。他们的雇主们也有同样的要求,尤其希望那些对本社区和本地区的经济发展起积极作用的院校能提供这样的教育课程和学习机会。如何更好地满足非传统学生的需求将是高等教育面临的严峻挑战。把教育内容与信息技术结合起来将是满足这种需求的极好途径。

高校在提供教育服务时越来越多地使用现代技术,这是时代提出的要求。然而,要达到今日技术方面的要求,几乎每一所学校都面临着经费问题和技术培训问题。面对这些新的变化和要求,许多院校与外部结成伙伴关系,在提供远距离教育项目方面分担费用、分享资源和收益,互补专长。合作伙伴可能包括中小学、其他培训、教育和文化机构,以及私营企业等。

(3)个性化的学习将有更大的发展

由于不同的学生在智力水平、心理发展水平以及知识水平等方面存在着差异,个性化教学一直是美国各级学校努力追求的一个目标。但是由于教师的时间和精力有限,个性化教育的实施受到很大限制。计算机和网络的应用为个性化教育开辟了广阔的前景。

认知科学已经表明,计算机可以比教师和课本更好地支持不同的思维和学习状态。而且,通过几种媒体的综合利用形成信息,学生可以更容易地掌握复杂的过程和概念。有障碍不能集中注意力的学生在计算机面前也可以较长时间地集中精力。普通学生也发现多媒体、交互式反应、迅速反馈和一种有自己控制的感觉使计算机显得比讲课和书本更能帮助思考。

计算机还可以让学生进行自我测验。交互式的网络可以让学生在任何时间给自己考试。自我管理的考试是一种自我发现。考试成为信息过程中积极的一环。学生的错误会启动系统帮助学生纠正错误的理解。如果学生在什么地方卡住做不下去了,系统会直接把问题反馈给教师。这种自我测验可以让学生了解自己学得怎么样,处于什么位置,从而更容易向教师提出自己的问题。最重要的是,它使教师更容易提供恰当的、有针对性的辅导。计算机不会支配学生的学习活动,它只是在课堂以外对学习经验补充。计算机所提供的潜力在于,它使学生很容易追求自己的兴趣,想钻研到多深就可以钻研到多深。学习在什么地方都能进行,不仅仅在课堂上,也不仅仅在教师的指导下。通过探索和发现来学习自己感兴趣的内容,这种驱动力深深地根植于每一个人的内心。

（4）教师教学方式的变化

在教学中使用多种媒体是一个明显的趋势。未来的课程不会再由一个学科的一位教师自己设计、准备和讲授。多数课程将由一个小组共同编制、讲授，共同决定课程的内容、学习效果的鉴定、教学策略的选择、媒体的制作等。

教师将需要以学习小组为单位进行工作。工作小组将由不同学科的教师组成，他们分别带来不同领域的能力专长和不同层次的教学媒体知识。工作小组的成员可能来自同一所学校，但更可能来自不同机构的教师和技术人员，包括企业的培训人员，政府、非盈利组织的工作人员，以及各行业的专职从业人员。

技术会取代教师吗？绝对不会。计算机不可能代替人的才智，也不会使人的才智贬值。迎接未来教育的挑战需要人的才能，需要有献身精神的教师、富有创造性的管理者、热情的职员和勤奋的学生。学生借助于电脑学习是为了把不用电脑的学习搞得更好。学生在计算机屏幕上看化学反应是对化学实验室动手工作的一个很好的补充，但它不能代替实际经验。在绝大部分时间里，对大多数学生来说，教师仍将是最基本的。各个年龄的学生都需要与同伴交流，与教师交流，从而学习社会交往和人际交往的技能，例如如何在工作中与人合作。由于知识的传递不再是教学的中心任务，所以教师也将由知识仓库转变为指导者。教师的任务是帮助学生在信息的海洋中遨游，帮助他们收集和组织信息，判断信息的价值，把信息变成知识，并呈现给他人。学生在学习、探索的过程中一直需要指导。即使学生可以通过技术自己获取信息，他们也需要有人教他们如何去获得，以及获得之后如何加工整理成有用的知识，或用它解决问题。学习方式的转变不会太突然，许多基本课堂模式将保持不变。学生会继续到班里上课，听教师讲解，提问题，独立做作业，参加小组活动。随着时间的流逝，分阶段地，重心会改变，学生和教师的日常习惯会改变，去利用互动的、双向的网络提供的机会。

3.克服信息技术的应用中的问题

信息技术在教育中的应用有成功的方面，也有不成功的方面，这是自然的。未来的任务是如何克服信息技术应用中的问题,使之发挥更大的效用。信息技术的应用对于改善学习有什么实际效果,研究者们还在争论。1997年2月"市场数据检索"研究公司所做的调查中,只有13.4%的教师说他们相信因特网的连接已经帮助了他们的学生取得更好的成绩。这说明对使用信息技术的实际效果不能抱想当然的和过于乐观的态度,要努力克服应用中的问题。

(1)认识上的误区

在一些中小学校,计算机大部分时间被闲置,或者仅用于简单机械的操练和被动的学习,而不是用于培养思维能力,例如综合、分析、交流等。教师和学生常常并不清楚如何利用互联网的优势。一些学生只是在网上闲逛,没有多少教育性的活动。毫无目的的漫游或寻找学生自己认为有趣的内容,使网络失去了它应有的价值。

许多以网络为基础的教学活动把接触信息和真正的知识弄混了,错误地把堆积数据的能力提高到了分析和理解数据的能力之上。事实上,互不相关的数据的堆砌并不构成教育,并不具有教育功能,数据本身并不能产生意义。创造性地解决问题依赖于对背景的了解,对事物间关系的认识和经验。

认为孩子们需要的知识越来越多的观念也是不正确的。孩子们真正需要的是以恰当的方式去对待完整的思想。他们需要用口头或书面的形式去表达思想和见解,需要对别人的思想和见解做出批评性的判断。他们是在书本中和别人的头脑中找到这些东西的,这跟知识点无关。

儿童的根本问题还是识字:最基本的读和写的能力。把因特网交给一个既不会读又不会写的孩子,网络对他没有什么大用途(有些孩子上网之后只会连接到音乐电视(MTV)的站点上)。但是如果把网络交给有语言能力和学习能力的孩子,他们就如虎添翼了。

(2)与技术应用的配套改革

技术不是万灵药,仅有技术和设备不能改善学生的学习,在配备计算机和网络的同时,必须伴有学校和其他方面的配套政策,才可能使技术成为有用的工具。

A.课程改革。运用技术并不是目的,要成功地运用技术,必须首先明确界定教育的目标,即需要教给学生哪些知识和智力方面的技能。

B.教师培训。教师所需要的不是简单的操作训练,他们需要技术支持,需要有时间编制新的教案,需要与同事合作。

C.评价。需要开发新的测量工具来检验学生是否真的从新技术中受益。只有学校能够证明确实有益,公众对教育技术的投入才可能继续。

D.网上内容建设。要想使因特网成为有价值的教育工具,不仅要使网上的内容是高质量的,可信赖的,而且应该是与教育相关的信息。他们应容易查找,并能容易地改编成符合教育需要的材料。

(3)防止学生投机取巧

计算机的文字处理功能和网络上丰富的信息资源不仅为研究和写作提供了极大的方便,同时也为学生偷懒和抄袭提供了方便。学生不需要"剪刀加糨糊",只需用鼠标点击"剪切"和"粘贴"两个命令就可以把别人阐述的思想和观点插入自己的文章中。

在网上做研究与利用图书馆不同。在图书馆,学生必须先找到合适的书,然后仔细阅读、理解、综合,再策略地节选。而在网上做研究看起来就显得太容易了:现在已经开发出了很多搜索工具,只要输入关键词,等上几秒钟,突然间大量可能的信息源就出现在屏幕上,有时达到几十万条。这些资源可能是一些机智逗趣的评论、图片或者是短小的摘要,可以魔术般地下载到计算机上。

然而,网上内容与正式出版物的差别在于,正式出版物要经过编辑们的筛选、审阅和修改,其质量是有人负责的,因而其质量通常是有保证的。而网上的内容,尽管也有正式出版物的电子版,但多数内容是没有经过编辑审阅这一程序的,其可信度是无法考查的。事实上,一个人可以把几乎任何东西放到自己的网页上。对这样的信息如果不做甄别而轻率使用,其得出的结论就如同那些信息一样不可靠。

认识到了这些,信息时代教师仍然需要教学生如何阅读,如何仔细品味语言和思想,如何说理,如何综合不同的素材而得到新的思想。教师还需要帮助学生学会如何去评价信息而知其可信度,同时要让学生懂得,与其相信电脑屏幕上不知来源的意见,不如相信自己的判断。

(4)网上不适宜内容的过滤

在美国宪法"言论自由"条款的保护下,许多商业公司和民间组织把只适合于成年人的材料放到了因特网上。根据卡内基—梅隆大学1995年的一项研究,电子公告板上存储的数字化图像有83.5％含有猥亵内容。带有性内容的软件产品有92万件之多(张宁:"信息高速公路的滞碍效应",《未来与发展》,1998年第2期)。如何防止孩子们访问这些网页是一个需要解决的问题。

1998年2月9日参议员麦肯向国会提出议案,建议要求中小学和公共图书馆在计算机上安装过滤软件或阻滞程序,否则将得不到联邦的因特网补贴。该提案要求学校委员会和图书馆当局决定什么东西对孩子不适合,然后根据这些标准来选择过滤软件。

然而,一位学校行政管理人员认为,加过滤软件可能冒这样的风险,即把学生的注意力引到这样的材料上,从而使问题变得更糟。青少年的反叛心理可能驱使他们到其他系统上专门寻找这样的网址,只因为它们是被禁止的。一些学校安装了过滤软件,希望借此解决问题,可是却发现不适宜的网页还是设法进入系统来到学生面前,而其他有价值的网页却被堵住了。如果工作在第一线的教师能够负起责任来,可能对这个问题的解决有帮助。

总之,在20世纪最后20年信息技术已经并且正在改变着美国学校教学,但是其潜力远未被开发,伴随着应用新技术于学习所出现的问题尚未得到理想的解决,我们可以预见在进入新世纪后,改革教学适应信息社会的发展仍然是美国学校所面对的一个重大挑战。

三、教育私有化趋势方兴未艾

美国在过去300多年的发展中,以市场竞争促经济,以政府投入发展教育,取得了骄人的成绩。靠着自由市场经济竞争,经济始终保持着活力,成为世界上经济最发达的国家。靠着国家庞大的财力,美国建设了世界上最发达的公共教育体系。美国人曾对自己的公立教育体系感到极为自豪,他们打破了欧洲双轨传统,把不同种族、不同阶层的儿童纳入同一学校教育体系,为儿童充分发挥个人的聪明才智提供了广阔的空间,培养了社会所需要的各类人才。但是,随着政府对公共教育的支持越来越大,政府对教育的行政干预也越来越强,行政管理体系使公立教育体系日趋僵化,失去了变革的动力。公立学校对教育的垄断,使其失去了进取之心,养成了惰性,丧失了活力。到 20 世纪 70 年代后期美国教育质量开始呈下滑之势,终于到 20 世纪 80 年代初引起了公众对公立学校教育质量的严重关注,致使 1983 年题为《国家处在危险中:教育改革势在必行》报告的发表。

如何解决美国教育的问题?许多美国人相信,美国教育体系有必要向美国经济制度学习,从"政治行政模式"转向"经济市场模式",给家长(教育的消费者)以更多的选择权,引入市场竞争机制,打破公立学校的垄断。美国在教育发展观念上的这一转变,恰好与经济发展思想上的转变同步发生。美国自 20 世纪 30 年代大萧条以来,凯恩斯主义大行其道,大政府、高税收、高福利政策促进了经济发展。但是到 20 世纪 70 年代中期以来,美国经济受滞胀困扰,在国际经济竞争中节节失利,于是主张小政府、低税收,改革福利制度,强调市场机制的供应学派重新抬头。政治上极度保守的里根总统一上台,立即推行减税,削减福利计划,减少政府干预、加强市场作用的少干预政策,为教育上的家长选择思潮推波助澜,为教育的私有化趋势奠定了经济基础。进入 20 世纪 90 年代以后,随着笃信大政府的"新政一代"逐渐淡出美国社会主流,而对政府持怀疑的"婴儿激增一代"和"X 一代"逐渐成为主导,政府包办教育的思想慢慢失去了社会基础,教育私有化浪潮得到了巨大推动,布什政府的教育部长在阐述"教育改革"的指导思想时说,为了获得成功,学校改革的新议程必须通过竞争和按市场规律进行……竞争原则同样适用于学校本身。布什本人进一步指出,每一个家长和孩子都应有真正的选择,公立学校、私立学校或教会学校……在太长的时间里,我们庇护我们的学校,使它们免于竞争。教育的私有化趋势已成为当代美国教育发展中的一个重

要趋势,其主要表现为:

1.越来越多的美国家庭将孩子留在家中接受教育

在美国不送子女入学在各州都是违法的,都可能受到法院的传讯。但是到 20 世纪 80 年代,由于家长们对公立学校教育质量的失望,对公立学校暴力横生的忧虑,开始把子女留在家中接受教育。他们与 20 世纪 80 年代以来卷土重来的右翼政治势力、宗教势力结合起来,得到议员们的强大支援。同时计算机的普及为在家庭中开展教育提供了可能。据统计,在 1998—1999 学年,有 120 万到 160 万从幼儿园到 12 年级的美国孩子在家中接受他们的"学校"教育。目前,美国全部 50 个州都承认了家庭教育(指在家中完成幼儿至 12 年级的教育)的合法性。当然,各州的具体规定不同,有的州要求在家接受教育的儿童必须登记,定期参加统一考试,如明尼苏达州;有的州则完全不作规定,如伊利诺州。

2.试行教育券计划

美国教育的传统是公共经费不能用于支持私立教育,但是随着教育私有化趋势的发展,一些州开始试行教育券计划,这样做虽然没有把纳税人的钱直接投入到私立学校,但是却允许家长选择送子女入私立学校,从政府领取教育券(这实质上是一种有价代金券),使用教育券付学费。这在美国教育发展史上是一个重大的突破,对美国公立教育系统包揽使用公共教育经费的体制形成极大冲击。

在试行教育券计划的各项实验计划中,威斯康星州议会通过的密尔瓦基教育券计划具有代表意义。该项计划规定州政府资助贫困家庭儿童自由选择学校。该计划自 1990 年 9 月正式开始实施,1 000 名低收入家庭儿童进入了私立学校,1992 年又有 500 名这类学生进入私立学校。

教育券的变通形式是"教育税减免",在美国教育经费主要来自家长所交的不动产税,因此不管有无子女,不管送子女入公立还是私立学校,美国成年公民都要为教育纳税。这样,家长如果送子女入私校,实质上就要承担双份的教育费用(税和私校学费),这当然就影响了家长对子女教育的选择权。于是,在私有化趋势的驱动下,一些州开始试行"教育税减免"政策,减免那些子女入私立学校的家长所要纳的教育税,从而使家长有更大的选择权。

3.公校私营

美国公立学校系统由于长期以来对学校教育的垄断,形成了官僚主义作风、对教育改革麻木僵化和开支巨大等弊端,于是美国政府借鉴其在经济领域运用游刃有余的市场竞争办法,开始试行公校私营的改革。所谓公校私营就是指州或地方政府与企业、团体或个人签订合同,特许他们经营管理一些公立学校,使公立学校转化为"特许学校",接受政府按合同提供的教育费用,为学生提供符合合同所规定的富有特色的高质量的学校教育。私营的公校从性质上讲仍是公校,因此不能通过考试招生,而且不得收学费。但是这类学校独立自主,不受教师工会和教育行政当局的行政制约,完全按私立学校管理。

1990年加利福尼亚州进行了全美最大胆的实验,将100所公立学校通过合同交给私人组织承办。1992年,巴尔的摩市将9所公立学校交付给"教育选择公司"经营。1994年康涅狄格州的哈特福德市将该市的整个公立系统交给民营公司管理。此外,有些地方将公立学校交给大学管理,有些地方允许教师承包公立学校,使教师既是雇员又是老板,从而对学校教育负起了责任。到1996年全美国已有25个州和华盛顿特区立法批准公校私营,目前公校私营的趋势愈演愈烈,1996年全国还只有252所公校私营,到1998年就上升到了800所,政府计划到2000年将有3 000所公校私营。

4.学校经费来源日趋多样化

由于美国公共教育经费的困难,公立学校都纷纷努力使自己的经费来源多样化。美国的企业界多年来饱受学校教育质量不高之苦,亦乐于给公立学校提供支持,以积极干预学校发展,使学校能够为企业提供高质量雇员。一些大企业,如国际商用机器公司和微软公司等都纷纷帮助学校更新设施,提高学校竞争能力。据1992年统计,近一半的公立学校与企业或私人慈善基金会建立了伙伴关系,接受它们的资助或帮助。

美国高等教育历来受政府干预和市场竞争两个杠杆推动,近些年来在更为激烈的市场竞争的影响下,私有化的趋势更为明显了。首先是新型的私立高等学校不断涌现,随着科学技术的发展,电子大学和"空中"大学以全新的教学理念为青年人提供了更多的选择。企业对大学改革行动迟缓日益不满,许多企业开始尝试自己办大学,以企业的方法培养自己所需的人才;其次高等学校经费中私人来源的经费所占比例日趋增高,四年制大学的平均学费从 1976 年的 642 美元上升到 1996 年的 3 151美元,涨幅达到 491%。同期,四年制私立大学学费从 2 881 美元涨到15 581美元,涨幅为 541%,甚至连一贯收费低廉的社区学院学费也大增,同期从 245 美元涨到 1 245 美元。学费的升幅远远超出了同期物价指数的升幅。此外,高等学校不管公立与私立都竭尽全力筹款,美国高校在 1976 年所筹款额为 24.1 亿美元,占总收入的 5.5%,十年之后筹款额达到 85 亿美元,占总收入的 7.3%。今天哈佛大学、斯坦福大学、哥伦比亚大学等著名私校一校所获捐赠总额就要以十亿美元为单位来统计。

美国近些年来教育的私有化趋势是显而易见的,教育私有化已开始给学校教育带来重大变化。竞争机制被引入到了公立学校系统,学校开始对自己的质量负起了责任,教育目标更明确了,经费开支节省了,学校更乐于尝试教育创新观念了。但是私有化能否在提高投资效益的同时真正医治美国教育的弊端,教育私有化趋势将会使多数人受益,还是会牺牲大多数人的利益而使少数人获益,这恐怕是美国教育必然要面对的冲突和挑战。

四、教育国际化趋势进一步加强

美国是一个国际性很强的国家。二战以后,美国成为世界超级大国,广泛参与世界事务,在世界政治、经济、军事、科技等领域都有特殊的地位和作用。美国人的忧患意识比较强,他们担心失去经过几代人的努力建立起来的世界领先地位。这是他们推动教育国际化的主要原因。在经济方面,国际经济竞争愈演愈烈,美国人在把越来越多的产品和服务推向国际市场,微软、波音、可口可乐公司的国际市场大于国内市场。

要提高产品的国际竞争力,要成功地与外国人做生意,必先了解这些国家的政治、经济、社会和文化状况。这一方面要求大学做区域研究,提供研究成果;另一方面,要求各级教育部门培养具有国际视野和国际交往能力的人才。政治方面,在过去的 50 年,美国在国际事务中发挥了重要作用。21 世纪,美国将作出更大的努力来保持它在国际上的这种特殊地位。另外,美国人认为自己的制度和意识形态是"好的",并且一直在努力推广和渗透。

教育的国际化是一个宽泛的概念,它既指教育向世界开放,接受外国的学者和留学生,与国外大学进行合作研究和开发;又指教育系统在目标上努力培养具有世界知识、全球视野和国际交往能力的人才;还指为实现上述目标而采取的措施,例如开设有关外国文化的课程,以及普通课程中的国际视角,为学生提供到国外学习的机会等。下面将着重从学生的国际交流、教师的国际交流和培训、课程等几方面来展望美国教育的国际化趋势。

1.学生的国际交流

教育国际化在学生方面表现为学生的流入和流出,即接收和派遣留学生。美国是世界上最大的留学生接收国,1995 年它接收世界留学生总数的三分之一强。在美国学习的外国人数一直呈增长趋势,但是增长速度在减缓:1990 年比 1980 年增长 25%,1980 年比 1970 年增长 125%,1970 年比 1960 年增长 172%。20 世纪 90 年代增长缓慢,从 1990/1991 学年到 1994/1995 学年五年内仅增长了 11%,平均每年增长约 2%,1996/1997 学年比 1995/1996 学年仅增长了 0.9%。增长速度的降低,一方面是由于英国、澳大利亚、日本和德国等国在同美国争夺世界留学生市场;另一方面,发展中国家的教育制度在逐步完善,对美国高等教育的依赖程度在降低。

尽管在美国大学学习的外国留学生人数已经连续七年低增长,但是仍在增长。在未来半个世纪美国仍将是世界上最大的留学生接收国,这是因为,第一,美国在世界上的影响以及美国在科学领域的领先地位是其他国家所不能替代的,这一点对外国学生很有吸引力;第二,美国社会和美国大学对外国学生的开放态度使留学生喜欢,使留学生较易适应和生存;第三,美国大学在理科和工科方面越来越靠国外的优秀生源。

　　与美国接收的留学生数目相比,到国外学习的美国学生的人数就显得太少了,但是,增长率很高。在高等教育阶段,出国学习人数连续10年增长,1996—1997学年比上一年增长了11％,越来越多的学生希望有国外学习的经历,并把它作为大学教育的一个组成部分。出国学习学生的增加一方面是大学强调教育国际化的结果,另一方面是由于雇主优先雇用具有外语能力和国外生活经验的人。

　　到国外学习的美国学生的年龄有下降的趋势,以往几乎都是大学生,而现在越来越多的中学生参与国外学习或旅行计划。马里兰州的圣保罗女子中学有一个帮助学生到国外学习和旅行的计划。该校与日本横滨国际女子学院的翠陵高中是姊妹校,每年交换六名学生,进行两周的居家生活和学习。参加的学生提高了语言技巧,然而更重要的是,他们全面了解了房东的文化和生活,并建立了持久的友谊。学习西班牙语、法语、德语的学生可以参加春假或暑假项目,包括2至4周的居家生活、学习和旅游。该校还鼓励运动员参加海外比赛项目。所有的项目都是为了强化外语技巧和与其他文化背景下的人民建立起相互沟通和理解的桥梁。

　　2.教师的国际交流

　　教师的国际交流也是双向的,包括派出本国教师和接受外国访问进修教师及学者。美国的学者交流计划多种多样,主要包括以下几种形式:由政府资助的国家计划;由民间资助的全国性计划;美国各州的大学系统与其他国家的大学系统之间的交流;美国高校与国外高校之间的校际学者交流,或系与系、研究所与研究所之间的交流;围绕专门研究项目进行的学者交流。

　　外国学者的增加是美国高等教育国际化的一个重要组成部分。外国学者带来他们的专长,给美国大学的教学和科研带来活力。外国学者与美国学者之间可以相互影响,他们之间的合作可能解决一些超越国界的课题。

近年来蓬勃发展起来的一种教师国际交流是暑期集中学习,或到某一国家开办研讨班,集中学习该国政治、社会、地理、经济和文化等内容,或在美国国内围绕一个国家或地区开办系列专题讲座。通过这样的集中学习,教师对外国文化有了更进一步的理解,增强了跨文化意识。

3.课程国际化

课程的国际化是指开设更多的关于异文化的课程,以及普通课程中更多的跨文化的观点。课程的国际化是培养国际型人才的最基本的也是最重要的手段。随着世界一体化进程的加快和要求国际型人才的呼声越来越高,课程国际化的趋势将越来越强。学习有关其他文化的课程不仅有助于对其他文化的了解和理解,还有助于更好地了解自己的国家。另外,知识具有普遍性。美国国际教育专家伯恩认为,如果一个学科在教学中只注重美国经验而排斥其他文化的经验就是欺骗学生,是沙文主义的表现。在讲授一个学科时采用国际的观点可以使学生意识到国家间的相互联系以及不同国家也会面临相同的问题。

近几年美国高等教育中课程的国际化进展很快。许多大学生在普通教育的核心课程中增加了对世界文明、世界史和外国语的要求,增设和加强了区域研究和国际研究方面的主修、副修和专攻计划,在工程、工商管理、教育等专业的教学中增加了有关异文化的内容。选修外国语的学生有了很大的增长,尤其是学习小语种的人数增长很快。随着亚洲经济的发展,对亚洲语言、政治、经济感兴趣的学生越来越多。区域研究发展很快,大学提供的区域研究的课程越来越多,内容越来越广。

总之,国际化是 21 世纪社会的一个大趋势。为了培养适应 21 世纪的公民,推行教育的国际化是必由之路。美国一些有识之士提出,21 世纪将不再是美国的世纪,美国要改变在国际交往中的霸权态度,学会与其他国家平等合作。因此,在教育上,要改变自我中心的倾向,重视教育的双向交流,培养具有国际意识的新人。美国教育国际化的进程将进行得更快。

主要参考书目

1. 托克维尔:《论美国的民主》,商务印书馆,1988 年版。
2. 斯皮勒:《美国文学的周期》,上海外语教育出版社,1990 年版。
3. 滕大春:《美国教育史》,人民教育出版社,1994 年版。
4. 斯坦贝克:《美国和美国人》,花城出版社,1989 年版。
5. 黄安年:《二十世纪美国史》,河北人民出版社,1989 年版。
6. 布尔斯廷:《美国人　建国历程》,生活·读书·新知三联书店,1993 年版。
7. 布尔斯廷:《美国人　开拓历程》,生活·读书·新知三联书店,1993 年版。
8. 康马杰著,杨静予等译:《美国精神》,光明日报出版社,1988 年版。
9. 卡罗尔·卡尔金斯:《美国社会史话》,人民出版社,1984 年版。
10. 赵一凡:《美国的历史文献》,生活·读书·新知三联书店,1989 年版。
11. 杨生茂编:《美国历史学家特纳及其学派》,商务印书馆,1984 年版。
12. 顾学稼等编:《美国史纲要》,四川大学出版社,1992 年版。
13. 丹尼尔·贝尔著,严蓓雯译:《资本主义文化矛盾》,生活·读书·新知三联书店,1989 年版。
14. 布卢姆等:《美国的历程》,上册,商务印书馆,1988 年版。
15. 滕大春主编:《外国近代教育史》,人民教育出版社,1989 年版。
16. 滕大春主编:《外国教育通史》第三卷,山东教育出版社,1990 年版。
17. 滕大春主编:《外国教育通史》第五卷,山东教育出版社,1993 年版。
18. 滕大春:《今日美国教育》,人民教育出版社,1980 年版。
19. 佛罗斯特:《西方教育的历史和哲学基础》,华夏出版社,1987 年版。
20. 弗雷德·赫钦格等著:《美国教育的演进》,美国驻华大使馆文化处,1984 年版。
21. 王廷芳主编:《美国高等教育史》,福建教育出版社,1995 年版。
22. 陈学飞:《美国高等教育发展史》,四川大学出版社,1989 年版。
23. 陈宏薇:《耶鲁大学》,湖南教育出版社,1990 年版。

24.《马克思恩格斯选集》,第1卷,人民出版社,1972年版。

25. 赵祥麟、王承绪编译:《杜威教育论著选》,华东师范大学出版社,1981年版。

26. 简·杜威著,单中惠编译:《杜威传》,安徽教育出版社,1987年版。

27. 康绍言、薛鸿志编译:《设计教学法辑要》,商务印书馆,1923年版。

28. 克拉克·科尔著,陈学飞等译:《大学的功用》,江西教育出版社,1993年版。

29. 王英杰:《美国高等教育的发展与改革》,人民教育出版社,1993年版。

30. 徐新义、萧念:《康乃尔大学》,湖南教育出版社,1991年版。

31. 瞿葆奎主编,马骥雄选编:《教育学文集——美国教育改革》,人民教育出版社,1990年版。

32. 布鲁纳:《教育过程》,上海人民出版社,1973年版。

33. 马骥雄主编:《战后美国教育研究》,江西教育出版社,1991年版。

34.〔美〕J.布鲁姆等著,杨国标等译:《美国的历程》上下册,商务印书馆,1995年版。

35. 克拉克著,王承绪等译:《高等教育系统》,杭州大学出版社,1994年版。

36.〔美〕德里克·博克著,乔佳义编译:《美国高等教育》,北京师范学院出版社,1991年版。

37. 华东师范大学教育系等编译:《现代西方资产阶级教育思想流派沦著选》,人民教育出版社,1980年版。

38. 王天一等编著:《外国教育史》上下册,北京师范大学出版社,1985年版。

39. 迟恩莲、曲恒昌主编:《中外教育改革的指导思想与对策》,北京师范大学出版社,1996年版。

40. 瞿葆奎主编:《国际教育展望》,人民教育出版社,1993年版。

41. 陈树清:《美国研究生教育发展的历程及其特点》,《外国教育动态》,1982年第1期。

42. 王英杰:《大学校长与大学的改革和发展:哈佛大学的经验》,《比较教育研究》1993年第5期。